MEDITAÇÕES

MARCO AURÉLIO

Tradução
UBK Publishing House

ubook UBK Publishing House

ubook UBK Publishing House

ADAPTAÇÃO DE TEXTOS E EDIÇÃO	Vinícius Nascimento
COPIDESQUE:	Cristina Barcia
REVISÃO	Fernanda Lutfi e Nikita Sigrist
PROJETO GRÁFICO E CAPA	UBK Publishing House
DIAGRAMAÇÃO	Cristiano Marques
IMAGEM DE MIOLO	Adobe Stock

Dados Internacionais de Catalogação na Publicação (CIP)
(Câmara Brasileira do Livro, SP, Brasil)

Aurélio, Marco

Meditações / Marco Aurélio ; [tradução UBK Publishing House]. -- Rio de Janeiro : Ubook Editora, 2025.

Título original: Meditations
ISBN 978-65-278-0021-7

1. Estoicos 2. Filosofia antiga I. Título.

25-280679 | CDD-188

Índices para catálogo sistemático:

1. Estoicismo : Filosofia antiga 188

Cibele Maria Dias - Bibliotecária - CRB-8/9427

Ubook Editora S.A

Av. das Américas, 500, Bloco 12, Sala 207,

Barra da Tijuca, Rio de Janeiro/RJ.

Cep.: 22.640-100

Tel.: (21) 3570-8150

SUMÁRIO

Apresentação | 7

O estoicismo | 9

Meditações | 11

A obra | 13

Livro I - O que aprendi com os outros: heranças da virtude | 15

Livro II - Acorda para o que importa | 25

Livro III - Escolhe o essencial: a alma como caminho | 35

Livro IV - Serenidade em ação: viver em harmonia com o todo | 47

Livro V - Levanta-te: tua natureza é agir com grandeza | 71

Livro VI - Domínio de si: a alma que se guia pela razão | 97

Livro VII - O poder interior: serenidade em meio ao caos | 119

Livro VIII - A sabedoria da ação silenciosa | 141

Livro IX - A virtude no convívio com o mundo | 163

Livro X - Liberdade interior: o domínio de si mesmo | 185

Livro XI - Tua alma é teu mundo | 207

Livro XII - O despertar da alma livre | 219

APRESENTAÇÃO

Marco Aurélio: o imperador filósofo

Marco Aurélio Antonino (121–180 d.C.) não foi apenas um imperador romano — foi, acima de tudo, um homem em busca da sabedoria. Criado em meio à nobreza romana, adotado por Antonino Pio e educado sob orientação de mestres como Frontão, ele cresceu entre o poder e a filosofia. Desde jovem, demonstrou afinidade com o pensamento estoico, uma filosofia que moldaria sua forma de governar e de viver.

Durante seu reinado (161–180 d.C.), Marco Aurélio enfrentou guerras, pestes e crises internas. Mesmo assim, buscou governar com justiça, compaixão e senso de dever. Foi um líder que, diante do caos, manteve o olhar voltado para dentro, escrevendo reflexões que hoje conhecemos como *Meditações*. Essa obra revela o lado vulnerável, sensível e íntegro de um homem que costuma ser lembrado apenas pela aura intocável que o título de imperador lhe atribuiu.

O ESTOICISMO

O Estoicismo: sabedoria que fortalece

O Estoicismo nasceu na Grécia por volta de 300 a.C., com Zenão de Cítio, e encontrou terreno fértil em Roma. Sêneca, Epiteto e Marco Aurélio são nomes que traduzem essa filosofia em prática viva. Para os estoicos, a verdadeira felicidade não está no que temos, mas na forma como vivemos.

Eles nos ensinam a distinguir entre o que está sob nosso controle — nossos pensamentos, decisões e atitudes — e o que está fora dele — o tempo, os outros, o destino. Ao focarmos no que realmente podemos governar, ganhamos liberdade interior. A vida torna-se mais leve, mais clara.

As virtudes estoicas — sabedoria, justiça, coragem e temperança — não são ideais inalcançáveis, mas ferramentas para o dia a dia. No contexto da modernidade em que estamos inseridos, esses valores se tornam âncoras que nos estabilizam em meio à pressa, aos ruídos e as incertezas.

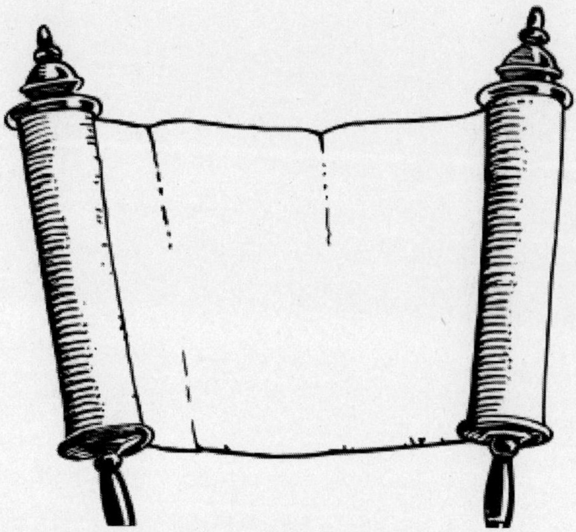

MEDITAÇÕES

"Meditações": um diário de vida interior

Meditações não foi escrito para ser publicado. É o diário íntimo de um governante em busca de lucidez em meio às grandes responsabilidades de seu desígnio. Entre campanhas militares e as intermináveis demandas diárias, ele registrava pensamentos, lembretes e verdades pessoais — não para impressionar, mas para lembrar a si mesmo do que importava.

Dividida em 12 livros, a obra reúne reflexões sobre o tempo, a morte, o dever, o autocontrole e o lugar do ser humano no universo. Marco Aurélio não escreve como quem ensina — mas como quem aprende. Suas palavras têm o peso da sinceridade e a leveza da sabedoria conquistada no silêncio.

Entre suas ideias centrais, está a noção de que não são os fatos que nos perturbam, mas nossos julgamentos sobre eles. E que, mesmo em dor, em dúvida, em desvantagem, podemos e devemos agir com nobreza.

A OBRA

Por que essa obra ainda fala conosco?

Séculos se passaram, mas *Meditações* continua vivo. Em um mundo agitado, hiperconectado e repleto de distrações, as palavras de Marco Aurélio oferecem calma e direção. Ele nos convida a viver com propósito, a aceitar o que não podemos mudar e a agir com dignidade, mesmo nas pequenas coisas.

Hoje, líderes, terapeutas, filósofos e pessoas comuns recorrem ao estoicismo para encontrar equilíbrio. Porque sua força está justamente nisso: não é teoria distante, é prática de vida. Marco Aurélio nos lembra que, apesar do caos externo, é possível cultivar paz por dentro e viver bem, um pensamento de cada vez.

LIVRO I

O QUE APRENDI COM OS OUTROS: HERANÇAS DA VIRTUDE

I. Gentileza e honra: as primeiras sementes

Do meu avô Verus, aprendi a ser gentil, calmo e a afastar de mim toda forma de raiva. Do meu pai biológico, cuja memória permaneceu viva mesmo ausente, herdei o senso de honra e a exigência de ser um verdadeiro homem. Da minha mãe, recebi lições valiosas: respeito pelos deuses, generosidade sincera, repulsa por qualquer tipo de mal, mesmo em pensamento, e a capacidade de viver com simplicidade, sem ostentação.

II. Simplicidade e autonomia no viver

Aqueles que me criaram ensinaram a não me deixar levar por modismos ou fanatismos populares, como a paixão por lutas no circo ou disputas entre gladiadores. Aprendi a fazer meu próprio trabalho, a não depender de muitos, a evitar negócios excessivos e a desconfiar de rumores e calúnias. Foi assim que comecei a valorizar a independência da mente.

III. Despertar filosófico e ceticismo saudável

De Diogneto, aprendi a não me deixar impressionar por truques ou crendices. Ele me afastou das superstições e me incentivou a buscar a filosofia com seriedade. Foi por ele que comecei a escrever desde jovem e aprendi a valorizar hábitos simples, como o uso de vestimentas sóbrias e o cultivo de um espírito racional e disciplinado.

IV. Disciplina e profundidade com Rústico

Rústico me mostrou que meu caráter precisava ser refinado. Foi com ele que aprendi a evitar a arrogância dos sofistas, a não usar a filosofia como forma de exibição e a abandonar o desejo de ser elogiado por discursos vazios. Ele me ensinou a escrever de forma clara, a perdoar com facilidade e a buscar o conhecimento com profundidade, sem aceitar verdades superficiais.

V. Estabilidade diante da dor com Apolônio

Com Apolônio, aprendi a buscar liberdade interior e a agir sempre conforme a razão, mesmo diante da dor ou da perda. Vi nele um exemplo de equilíbrio: firme, mas gentil; profundo, mas acessível. Ele me mostrou que é possível ensinar e viver a filosofia com honestidade, e que os verdadeiros favores devem ser recebidos com gratidão, mas sem submissão ou interesse.

VI. A leveza de Sexto

De Sexto, aprendi a arte de viver com naturalidade e doçura. Ele era respeitado sem precisar forçar autoridade. Sua vida demonstrava como é possível manter a serenidade mesmo entre pessoas difíceis. Nunca perdia a ternura, mesmo quando firme. Observava os outros com cuidado, sem julgar. E mostrava que a razão e a compaixão podem caminhar juntas.

VII. Corrigir sem humilhar: a elegância de Alexandre

Alexandre, o Gramático, me ensinou o valor da correção gentil. Em vez de ridicularizar erros, ele os corrigia com sutileza e inteligência. Em vez de repreensões, oferecia exemplos. Assim, demonstrava que ensinar é também um ato de respeito.

VIII. Fronto e as sombras do poder

Com Fronto, percebi quanta hipocrisia e inveja podem existir nos círculos do poder. Ele me alertou sobre os perigos do orgulho e da dissimulação entre os nobres. Com ele, aprendi a olhar além das aparências e a proteger meu coração da corrupção que a ambição pode trazer.

IX. Presença e atenção com Alexandre, o Platônico

De Alexandre, o Platônico, aprendi que não devemos dizer levianamente que estamos "sem tempo" para um amigo. A vida é feita de relações, e negar atenção é desperdiçar o que há de mais humano. Ele me ensinou a honrar os compromissos pessoais, mesmo em meio às obrigações públicas.

X. A escuta amorosa de Catulo

Catulo me ensinou a escutar, mesmo quando um amigo está errado. A não cortar laços por uma crítica injusta. Também me ensinou a reconhecer com gratidão todos os meus mestres e a amar meus filhos com ternura. Seu exemplo mostrou que o afeto genuíno é mais poderoso que qualquer lógica.

XI. O espírito público e a esperança com Severo

De meu irmão Severo, aprendi a ser leal e amável com a família. Foi ele quem me apresentou aos grandes nomes da integridade e liberdade: Trásia, Helvídio, Catão, Dión e Bruto. Ele me inspirou a sonhar com uma sociedade justa, onde o bem comum é o único norte. Com ele, aprendi a estudar filosofia com constância, a ser generoso, e a confiar nos amigos com o coração tranquilo, pois sua própria vida era aberta como um livro honesto.

XII. A virtude discreta de Cláudio Máximo

Cláudio Máximo foi um modelo de firmeza e autocontrole. Com ele, aprendi a manter a serenidade mesmo diante da dor ou do caos. Era calmo, paciente, imparcial. Não se deixava levar por emoções extremas nem pelo desânimo. Tudo o que dizia era confiável, e tudo o que fazia era com base em sua retidão. Sua maneira de agir transmitia naturalidade, como se a virtude fosse sua segunda natureza. Ele não buscava elogios, mas era impossível não admirá-lo.

XIII. A nobreza sem ostentação do pai

Do meu pai, aprendi a verdadeira dignidade. Ele era firme nas decisões e ainda assim sabia ouvir. Não buscava honrarias, e sua autoridade vinha do exemplo. Era justo, afável, disciplinado, e sabia se adaptar às necessidades dos outros sem perder sua integridade. Não era vaidoso nem excessivamente rígido. Cumpria seus deveres com equilíbrio, e tratava os amigos com constância — sem idolatrias, mas também sem desprezo. Foi um modelo de sobriedade e humanidade.

XIV. Dos deuses: tudo que me sustentou

Agradeço aos deuses por tantas dádivas: pais honrados, uma irmã carinhosa, mestres justos, uma esposa digna e filhos saudáveis. Agradeço por não ter me rendido a paixões destrutivas, por ter encontrado mestres como Rústico e Apolônio, e por ter aprendido a viver segundo a natureza. Nunca fui forçado a fazer o que não queria, nem precisei de ajuda que me tenha sido negada. Tudo o que precisei para cultivar a razão e a virtude, me foi dado. E se não vivi ainda plenamente como um filósofo, sei que a culpa é apenas minha.

LIVRO II

ACORDA PARA O QUE IMPORTA

I. Lembra-te de como o mundo é — e de teu papel nele

Logo ao acordar, diz a ti mesmo: hoje, encontrarei pessoas egoístas, ingratas, invejosas, vaidosas ou maldosas. Mas elas agem assim por ignorância. Não sabem o que é o bem verdadeiro. Já eu compreendo que o bem está na virtude — e que somos todos feitos para cooperar. Assim como mãos e olhos trabalham em conjunto, também nós nascemos para conviver. Por isso, não posso odiar meu semelhante. Embora sejamos diferentes, fazemos parte do mesmo todo.

II. És carne, sopro e razão — cuida do que importa

Teu corpo é matéria frágil. Tua vida, um sopro que vai e vem. Mas tua razão — tua parte pensante — é divina. Cuida para que essa parte não se torne serva de impulsos tolos, nem seja arrastada pelo medo ou desejo. Deixa de lado as distrações. Concentra-te no que és de fato: um ser racional que deve viver de acordo com a natureza e com a razão.

III. Tudo vem da natureza — e a natureza é sábia

A Providência rege tudo. Mesmo o acaso faz parte do todo ordenado. Tudo que acontece está ligado por fios invisíveis, necessários para o equilíbrio do universo — do qual és parte. Por isso, confia: o que te acontece serve, de alguma forma, ao bem do conjunto. O que é necessário para o todo, também é bom para cada parte.

IV. Chega de fugir — vive como se tua hora fosse agora

Quantas vezes já adiaste tua transformação? Já é tempo de despertar para o que importa: viver de acordo com a natureza, com a tua essência. Tens uma alma racional e um tempo limitado. Se não usares agora esse dom, ele passará, assim como tu passarás. Vive com verdade, simplicidade e coragem. Faz o que te cabe. E faz agora.

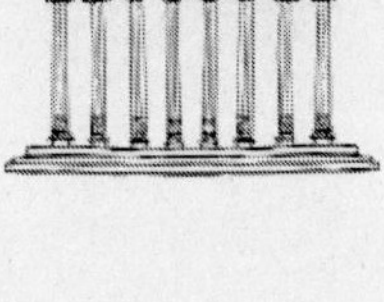

V. Faz de cada ação, tua última ação

Age com propósito. Não faças nada por vaidade, hábito ou pressa. Finge que cada ato teu será o último. Isso trará verdade, dignidade e foco ao que fizeres. Que não haja hipocrisia, orgulho ou fuga no que fizeres — apenas clareza e entrega total à tarefa do momento.

VI. Acorda para ti mesmo

Quantas vezes já te enganaste, alma? Quantas vezes esperaste que os outros validassem tua existência? Tua felicidade depende de ti, não do que pensam. E, no entanto, desperdiças o tempo correndo atrás da aprovação alheia. Já é hora de te respeitares.

VII. Atenção: a alma pode se perder mesmo agindo

Nem toda ação é virtuosa. Há quem se ocupe muito e, ainda assim, não progrida. Trabalhar por trabalhar, sem um fim nobre, é apenas ruído. Se tua alma vagueia sem direção, estarás apenas cansando-te. Define o teu propósito, e alinha tuas ações a ele.

VIII. O verdadeiro mal nasce dentro, não fora

Dos infelizes, grande parte o é por causa de circunstâncias externas. A infelicidade vem de dentro, da alma que perdeu o rumo. Quem não governa a si mesmo, quem não ordena seus pensamentos e ações, acaba escravizado por suas mesquinharias. Por isso, cuida do que acontece dentro, e não serás vencido pelo que vem de fora.

IX. És parte do todo — vive como tal

Reflete: qual é a natureza do universo? E qual é a tua? Como te relacionas com o todo? Entender isso é libertador. Podes viver plenamente conforme tua natureza, a qualquer momento. Basta agir com razão, justiça e consciência.

X. O pecado pelo prazer é mais baixo do que o da raiva

Teofrasto dizia, com sabedoria, que os pecados do prazer são piores que os da ira. A raiva pode nascer da dor; o prazer nasce da escolha. Quem erra por prazer, rende-se voluntariamente. Há mais fraqueza na busca pelo prazer do que na perda de controle pela dor. Controlar-se é, antes de tudo, não se entregar.

XI. Vive como quem pode partir a qualquer instante

Tudo o que fizeres, faze como se estivesses prestes a morrer. Não deixes nada pela metade. E quanto à morte, não temas: se há deuses, eles são justos. Se não há, então nada há a temer. O que importa é que o bem, máxima virtude, está ao alcance de tua tentativa, e é isso que os deuses esperam de ti.

XII. O que não te torna pior, não é um mal

Se algo não te fere como pessoa, então não é um mal verdadeiro. O que não corrompe tua alma, não pode ser teu inimigo. A natureza do universo não comete erros. Tudo que é natural, por mais difícil, é necessário e, portanto, justo.

XIII. Olha com olhos de verdade

As coisas que hoje parecem importantes — beleza, riqueza, status — são frágeis e ilusórias. Passam como o vento. Se olhares com atenção, verás que muitas delas são vazias, corrompidas ou ridículas. Aprende a distinguir o essencial do supérfluo.

XIV. A morte: simples e natural

Morrer é apenas parte da vida. Quando tirares dela os adornos, verás que é apenas uma transição natural. O que nasce, morre. Temer a morte é como temer o amadurecimento do fruto. Quem compreende a natureza não teme seus ciclos.

XV. Protege tua alma — esse é teu verdadeiro trabalho

Cuida do que em ti é racional. Essa parte te conecta aos deuses. Serve a ela com fidelidade: não te deixes levar por raiva, inveja ou ilusão. Sê grato ao que vem dos deuses, e compassivo com os homens. Todos erram — e por trás de cada erro, há ignorância. Não odeies. Entende, perdoa e segue com firmeza.

LIVRO III

ESCOLHE O ESSENCIAL: A ALMA COMO CAMINHO

I. Cuida para não desperdiçar o tempo que te resta

Tens de entender com urgência que não estás vivendo uma vida indefinida. Já deixaste muitas oportunidades passarem, e se não fores cuidadoso, todo o tempo que te resta será apenas isso: resto. Por isso, age como alguém que de fato compreende que o que importa não é viver muito, mas viver com verdade. Deixa de lado as distrações. Que tua alma não se corrompa mais por fora — nem por dentro. Foca no essencial: liberdade interior, serenidade e retidão.

II. Vive com propósito

Age com propósito. Não permitas que tua alma se enfraqueça, que as tuas ações sejam fingidas, que tuas palavras sejam vazias. Não deixes que a emoção te domine, nem que a autopiedade ou a preguiça te arrastem. Tudo o que precisa ser feito está ao teu alcance agora. És um ser racional — então vive como tal, com simplicidade, verdade e ação justa.

III. A morte alcança todos, e isso não é um erro da natureza

Pensa em Hipócrates, Alexandre, Pompeu, Caio César, Heráclito. Médicos, imperadores, filósofos — todos desapareceram, apesar de suas conquistas, sabedoria ou poder. A morte não os poupou. Grandes feitos, fama ou prestígio não alteram esse destino. Tudo o que existiu um dia se transforma: corpos, palavras, lembranças — tudo passa. E se até as memórias se apagam, por que viver em função delas?

A vida não é injusta. Tudo o que precisas para viver com dignidade já está em ti: razão, escolha, liberdade interior. Se te afastas da virtude, não é por falta de recursos, mas por afastamento da tua própria natureza. Os deuses te deram o essencial — o resto é decisão tua. Não culpes ninguém: basta viver em harmonia com tua alma para reencontrar tua força.

Por isso, vive com profundidade agora, sem esperar glória póstuma. Não te iludas com o que morre. O que importa não é ser lembrado, mas ter vivido com virtude. O tempo que tens é curto — e tu fazes parte de um ciclo muito maior do que teus próprios feitos.

IV. Volta tua atenção para ti mesmo — com sinceridade

Não te deixes arrastar pela ansiedade do que os outros estão fazendo, dizendo ou pensando. Isso te esvazia. Tua missão é cuidar de ti mesmo — da tua alma, da tua razão, das tuas escolhas. Não permitas que tua mente fique cheia de desejos confusos, de ciúmes ou de medo. Que tudo em ti esteja calmo e firme, como se espera de quem se governa com discernimento e age com propósito.

V. Torna-te teu próprio mestre e sacerdote

Mantém tua mente pura, sóbria, humilde e livre. Que teus desejos estejam alinhados com a natureza, e teus impulsos estejam sob tua vigilância. Não precisas de grandes rituais: tu mesmo és templo, sacerdote e oferenda. Vive com reverência à tua própria consciência. Sê modesto, constante e verdadeiro. Não deixes que tua alma vagueie, nem que se torne dependente do olhar dos outros.

VI. A religiosidade verdadeira começa na alma equilibrada

Se não há deuses, por que te preocupar? Todavia se houver — e há — então eles não te obrigariam a viver mal. Eles te deram razão, coragem, liberdade. O resto é contigo. Cultiva tua alma como um templo. Oferece aos deuses aquilo que é digno deles: pensamentos justos, ações nobres, uma vida sincera e agradecida. É esse o culto mais elevado.

VII. Tua reputação não define quem és — tua alma, sim

Não te preocupes com a fama. Aqueles que te elogiam hoje, amanhã não existirão. E mesmo que existam, que sabem eles de tua alma? Tua verdadeira natureza está além do que os outros dizem ou pensam. Não dês valor ao que é ruído. Valoriza o que é interno e eterno: tua consciência, tua honestidade, tua capacidade de fazer o que é certo mesmo no silêncio.

VIII. Nada vale tanto quanto tua alma em paz

Se algo exige que mintas, simules ou traias tua essência para consegui-lo, então não vale o preço. Mesmo que todos estejam fazendo, mesmo que pareça vantajoso, não te corrompas. A liberdade está em viver alinhado consigo mesmo. Não vendas tua tranquilidade por prazeres passageiros. Protege tua alma como o bem mais precioso que tens.

IX. A virtude é teu verdadeiro bem — tudo o mais é acessório

Não confundas valor com aparência. O que é verdadeiramente valioso não pode ser roubado, elogiado ou comprado. A virtude é o único bem que nasce contigo e morre contigo. É tua justiça, tua coragem, teu domínio de ti mesmo. Todo o resto — riqueza, poder, prazer — pode desaparecer num sopro. Tua alma, no entanto, se bem cultivada, permanece firme.

X. Faz o bem pelo simples fato de ser bom

Quando fizeres o bem, não esperes reconhecimento. Agir com bondade é tua natureza. Não se espera que a videira seja elogiada por dar uvas — ela simplesmente dá. Então também tu faz tua parte. Se alguém se beneficiar, ótimo. Se não reconhecerem, paciência. O bem, quando é verdadeiro, não depende de aplauso — apenas da tua integridade.

XI. Tudo acontece segundo uma ordem maior — confia

Nada te acontece por acaso. Mesmo o que parece injusto ou fora do lugar tem uma razão de ser. O universo é ordem, não caos. Aprende a ver além do imediato. Aceita o que te é dado com humildade e firmeza. Se algo está fora do teu controle, não é um mal. O verdadeiro mal seria reagir a isso com revolta ou medo.

XII. Fazes parte de um corpo maior, vive portanto como célula do todo

És uma parte do universo, assim como um braço faz parte da composição corporal. Não estás separado. Se queres viver em paz, vive de acordo com o todo. Coopera, ajuda, não te oponhas. Quando uma parte age contra o corpo, ela adoece. Quando age em harmonia, ela floresce. És uma célula da razão universal — então vive como tal, com participação e entrega.

XIII. Não resistas ao tempo — tudo flui e muda

Tenta recordar quantas transformações já viste: impérios, ideias, costumes, pessoas. Tudo passou. Tudo passará. Se te apegas ao que já mudou, sofrerás. Se tens medo do que virá, sofrerás também. Aprende a viver o agora com leveza, aceitando que a impermanência é a única constante. A vida é um rio — segue com ele, não contra.

XIV. A fama é fumaça — sê digno de

ti, não da memória alheia**

A glória de hoje é o esquecimento de amanhã. Pensa em quantos homens grandiosos foram esquecidos. E se forem lembrados, por quem? E por quanto tempo? Não te preocupes em deixar teu nome — preocupa-te em deixar tua alma limpa. Vive de tal forma que, mesmo que ninguém fale de ti, tu te orgulhes da vida que viveste.

XV. Age onde tens poder e aceita onde não tens

A chave da liberdade está em saber a diferença entre o que depende de ti e o que não depende. Tuas escolhas, teus pensamentos, tua retidão — isso depende de ti. Já a morte, os outros, o destino — isso foge do teu controle. Faz o teu melhor com o que está nas tuas mãos, e aceita o resto com serenidade. Assim serás livre, mesmo preso às circunstâncias.

XVI. És parte do todo e isso basta

Nada do que és está separado do universo. Tudo coopera contigo, mesmo quando não parece. Aceita tua parte com coragem. Vive com nobreza, mesmo que tua tarefa pareça pequena. Como dizia Epiteto, não importa o papel, importa como o representas. Que tua vida seja digna de quem sabe que tudo o que faz ressoa no todo.

LIVRO IV

SERENIDADE EM AÇÃO: VIVER EM HARMONIA COM O TODO

I. Sê como o fogo: transforma o que te é dado

A alma guiada pela razão é como um grande fogo que tudo consome e transforma em si. Obstáculos não a apagam — ao contrário, alimentam sua força. Tudo o que a vida traz, por mais difícil que pareça, pode ser aproveitado para alimentar essa chama. Aprende a queimar o que vem até ti com dignidade, e que teu espírito cresça a partir disso.

II. Faz cada ação como se fosse tua última

Age com verdade, simplicidade, seriedade e desprendimento. Liberta-te da distração, do fingimento, da vaidade e da insatisfação. Não sabes quanto tempo te resta — por isso, cada ação merece ser feita com total presença. Vive como se cada gesto fosse tua despedida.

III. Encontra teu refúgio dentro de ti mesmo

Não busques paz em campos, praias ou colinas. O verdadeiro descanso está em tua alma, quando te recolhes para dentro com serenidade. Aprende a visitar esse espaço frequentemente. Ali, tua mente se acalma e tua vida reencontra sentido. Não precisas de fuga externa, apenas de reconexão interior.

IV. Volta do recolhimento mais leve e disposto

Depois de recolher-te, volta ao mundo mais forte. Lembra que os que te ofendem agem por ignorância. A compaixão é uma forma de sabedoria. Sê como aquele que vê de cima: compreende sem se perturbar. E retorna à vida com espírito tranquilo, disposto a cumprir teu papel.

V. Nada do que tens é realmente teu

Teu corpo é emprestado, tua fama é frágil; tua alma é o que realmente te pertence. Tudo o que valorizas externamente passará — até mesmo tua memória. Aprende a desapegar sem amargura. Cultiva o que não pode ser roubado: tua dignidade, teu caráter, tua serenidade.

VI. És cidadão do mundo, vive conforme isso

Se todos partilhamos a razão, então pertencemos à mesma comunidade. És cidadão do universo. Tua missão é agir com justiça, cooperar com os outros, respeitar a ordem natural. Vive de forma que tua alma reflita essa verdade: não estás só, és parte do todo.

VII. A morte é uma transformação, não uma tragédia

Nada se perde, tudo muda. A morte não é um castigo, mas uma transição. Como o fruto que amadurece e cai, tua hora também chegará — e isso é natural. Que tua vida seja tão boa que, ao partir, não precises levar nada contigo além da paz por ter vivido com retidão.

VIII. Desarma-te da ideia de ofensa

A ofensa só existe se a aceitas. Não é o outro que te fere, é tua interpretação. Treina tua mente a ver com clareza. Se algo não te torna pior como pessoa, então não é um mal. Não reagir com raiva é sinal de força, não de fraqueza.

IX. A verdadeira justiça nasce da razão clara

Tudo o que te acontece é parte de um ciclo maior. O universo não comete erros. Mesmo o que parece cruel pode ter um propósito. Age com confiança que tudo coopera com a ordem, mesmo o que não compreendes. Isso é justiça com visão ampla.

X. Corrige-te com humildade e convicção

Não te envergonhes de mudar. Se alguém te mostrar que erraste, aceita com alegria. A razão busca o acerto, não o orgulho. E se ninguém te corrige, sê teu próprio guia: revê tuas ações, examina tua consciência, melhora sem cessar.

XI. A mente livre é mais forte que o destino

Mesmo que teu corpo seja preso, tua mente pode ser livre. Tens o poder de olhar para tudo com sabedoria, e de transformar qualquer situação em aprendizado. És responsável por tua interpretação dos fatos — e nisso ninguém pode te dominar. A liberdade não depende do que acontece, mas da maneira como escolhes encarar.

XII. Nada fora de ti pode te prejudicar

É tua alma quem decide se algo será um mal. Se não permites que ela seja corrompida, então nada te fere de verdade. As pedras no caminho só machucam se te deixares abater. Aprende a proteger teu interior com serenidade. A dor de fora inexiste — o sofrimento nasce dentro.

XIII. A providência rege o mundo com sabedoria

Aceita tudo o que acontece como vindo da natureza — ou dos deuses, se preferires chamá-los assim. A ordem universal não erra. Mesmo quando não entendes os motivos, confia: há um plano maior em curso. O que te cabe é viver bem no presente, sem lamentar o passado ou temer o futuro.

XIV. Nada é tão digno quanto viver conforme tua essência

Não há desonra maior do que trair tua própria natureza. E nada é mais nobre do que alinhar pensamento, palavra e ação com aquilo que tu és em essência: um ser racional, feito para cooperar, para refletir e para agir com sabedoria. Esse é teu caminho.

XV. Cada coisa é o que é — não o que desejas que seja

Não adianta te aborrecer com o que não corresponde às tuas expectativas. Uma figueira dá figos. Uma tempestade traz chuva. Um homem ignorante agirá como tal. Aprende a ver as coisas como são, não como querias que fossem. Isso é liberdade: deixar de sofrer pelo que não depende de ti.

XVI. O bom uso da razão torna a vida leve

Quando a mente está focada naquilo que é justo, tudo se torna mais simples. Não precisas correr atrás do prazer nem fugir da dor. Basta agir com consciência. Se tua razão estiver clara, tuas decisões serão boas. E mesmo diante da dificuldade, tua alma permanecerá em paz.

XVII. A raiva é uma forma de fraqueza

Não deixes que a ira te domine. Ela nasce da ilusão de que as coisas deveriam ser diferentes. A realidade, contudo, é o que é. Se alguém erra, é por ignorância. Corrige se puderes, ou suporta com paciência. Gritar com o vento não o detém, o que podes é aprender a velejar com ele.

XVIII. O valor das ações está na intenção, desvencilha-te do resultado

Não te deixes enganar pelo sucesso aparente. O que importa é ter agido com virtude, mesmo que o resultado tenha sido outro que não o esperado. A natureza se ocupa do fim. Tu, do meio. Faz tua parte com consciência, e aceita o que vier como consequência justa de teu esforço.

XIX. Mantém tua alma firme como uma rocha

Não sejas como a maré, que muda com o vento. Sê como a rocha que permanece. A opinião dos outros, o ruído das notícias, as ofensas ou elogios — nada disso deve tirar tua estabilidade. Tua força está em ti, na tua clareza e retidão. Cultiva isso, e viverás com firmeza diante de tudo.

XX. O bem da alma depende apenas de ti

Não deixes que o bem da tua alma dependa de circunstâncias externas. Tudo o que te é verdadeiramente necessário já foi colocado dentro de ti: tua razão, tua capacidade de escolha, tua liberdade interior. És autossuficiente para viver com dignidade. Se viveres centrado no que te torna melhor como ser humano, viverás bem, ainda que em meio ao caos.

XXI. A injustiça é ruptura com tua própria natureza

Ser injusto é romper com o que há de mais elevado em ti — tua razão, tua consciência, tua ligação com o todo. Quando ages contra o que sabes ser certo, não fere apenas o outro: tu te afastas de ti mesmo. E não há dor maior do que abandonar a própria integridade. O verdadeiro castigo não vem de fora — é viver em desacordo com quem tu és.

XXII. A arte da vida está em aceitar e usar o que é dado

O universo te dá cada momento como matéria para a escultura da tua vida. Cabe a ti moldar essa matéria com sabedoria. Não reclames da argila, da madeira ou do tempo — usa o que tens. A arte da vida consiste em transformar cada instante, por mais simples ou difícil, em algo digno de tua natureza.

XXIII. Respeita o que te cabe e o que cabe aos outros

Tens o teu papel a cumprir, e os outros têm o deles. Não queiras invadir o espaço alheio, nem renunciar ao teu. Age conforme tua natureza e respeita a liberdade do outro. O universo é harmonia quando cada um ocupa o lugar que lhe cabe com justiça e moderação.

XXIV. Quem age com verdade não precisa de vigilância

A alma que se governa com retidão não precisa ser observada para agir bem. Age com correção mesmo quando está só. Isso é integridade: fazer o certo porque é certo, e não porque alguém está olhando. A consciência limpa é o melhor juiz, e o mais exigente.

XXV. A morte não deve ser temida — mas sim compreendida

A morte é simplesmente uma mudança, uma dissolução dos elementos. Assim como o nascimento não foi tua escolha, a partida também não será. Não te assustes com isso. A natureza não comete injustiças. Aprende com os que vieram antes de ti, e parte com a mesma serenidade com que nasceste: como parte de um ciclo maior, justo e necessário.

XXVI. As ações dos homens refletem seu entendimento

Se alguém mente, engana ou machuca, é porque ainda não compreende o bem verdadeiro. Não te irrites — apieda-te. E se possível, ajuda-o. Não deixes que o erro alheio te contamine. A tua alma precisa se manter firme, mesmo quando o mundo à volta se desequilibra.

XXVII. O eco da vaidade — o que vale mesmo não faz barulho

Quantos homens famosos foram esquecidos? Quantas opiniões mudaram com o tempo? A glória é frágil, instável, sujeita aos caprichos dos outros. Não te prendas a ela. Preocupa-te com aquilo que ninguém pode tirar: tua retidão, tua clareza, tua serenidade. Isso sim é imortal.

XXVIII. Evita o excesso de queixas — age com foco e silêncio

Falar demais sobre os próprios desafios não resolve nada. Em vez disso, trabalha. Corrige o que puderes, aceita o que não depende de ti. Reclamar de outros, do tempo, do destino ou da sorte só alimenta o desânimo. Age com discrição e coragem — isso é força verdadeira.

XIX. Sê como Antonino: calmo, firme e justo

Recorda o exemplo do imperador Antonino: mente equilibrada, espírito constante, fala ponderada. Ele não era dominado pelo acaso, não era escravo da vaidade, nem se deixava corromper pela ambição. Tratava a todos com dignidade, ouvia com paciência, trabalhava com disciplina. Lembra-te dele sempre que precisares de um modelo de liderança interior.

XXX. Aprende a olhar para o que está além da superfície

Quando vires algo impressionante — um belo palácio, roupas luxuosas, poder, adulação — tenta olhar além. Vê o que aquilo realmente é, em essência. O mármore é apenas pedra; a seda, fio; a fama, sopro. Como dizia Epiteto, dissipa a ilusão para revelar a verdade. Isso não é desprezo, mas liberdade: a visão limpa liberta da escravidão das aparências.

XXXI. Faz o que te cabe — e solta o resto

Não precisas dar opinião sobre tudo. Nem assumir o fardo dos outros. Cuida do que é teu: teus pensamentos, tuas ações, tua postura. Se os outros agem mal, isso é com eles. Teu papel é viver bem, em harmonia com a natureza e com tua consciência. Isso basta, isso é tudo.

XXXII. Tua alma tem cor, forma e direção — cultiva isso

A alma que se fortalece na razão brilha com uma luz tranquila. Ela sabe o que quer, como quer e por que quer. Evita o que a enfraquece, e te move com firmeza, mesmo quando há incerteza em volta. Cuida da forma da tua alma como um escultor cuida da pedra: com atenção constante.

XXXIII. Evita a pressa cega — vive com direção

Não vivas como se fosses imortal. Muitos vivem como se tivessem tempo infinito, e por isso desperdiçam os dias. Lembra-te da brevidade da vida. Isso não deve te assustar, mas te guiar: vive com foco, com urgência calma, com sentido. Cada momento é uma chance de te tornardes melhor.

XXXIV. Sê simples, ainda que em meio à grandeza

Mesmo se fores chamado a cargos altos, não percas tua modéstia. Recorda-te de que és um ser humano, parte da natureza, sujeito às mesmas leis que todos. A simplicidade é a maior das elegâncias. Não precisas adornar tua alma — basta que a mantenhas limpa, justa e firme.

XXXV. Nada externo pode manchar tua alma — a não ser que permitas

Não são os eventos, mas tua reação a eles que moldam tua vida interior. A injustiça do outro só te atinge se a deixares entrar. A perda, a dor, o erro — tudo isso pode ser transformado em aprendizado, se tua alma estiver desperta. Sê vigilante com o que deixas entrar no teu interior.

XXXVI. O universo é renovação, assim aceita e renova junto

Tudo muda: teu corpo, teus pensamentos, as estações, os rostos à tua volta. Resiste menos, flui mais. Não tentes parar o rio — aprende a navegar com ele. Se te agarras ao que está indo embora, sofres. Se aceitas a renovação, encontras paz. O universo é fluxo, e lembra que tu fazes parte dele.

XXXVII. Quem compreende a natureza, vive com serenidade

Aquele que entende como a natureza funciona não se espanta com o que acontece. Se há dor, ele compreende que faz parte do ciclo. Se há perda, sabe que tudo o que nasce um dia parte. Sua calma vem da compreensão, e sua força vem da aceitação. Aprende com a natureza — ela não erra.

XXXVIII. Ame o mundo como ele é, e melhora o que puderes

Não foste feito para fugir da vida, mas para vivê-la. Não para te esconder, mas para contribuir. A realidade é teu campo de treino. Aceita o que não podes mudar, e melhora o que estiver ao teu alcance. A filosofia não é fuga: é presença lúcida.

XXXIX. Tudo acontece conforme uma sábia escritura

Olha para tua vida como parte de uma história escrita com intenção. Os eventos que te ocorrem não são acidentais. Cada pessoa, cada obstáculo, cada alegria — tudo tem lugar nesse enredo. Tu não és autor de tudo, mas és responsável pelo personagem que interpretas. Sê digno do papel que te coube.

XL. Mesmo os grandes do passado se foram — e também tu partirás

Pensa em Augusto, em Adriano, em Trajano. Onde estão? Já se foram, assim como irás tu. A morte não escolhe status. E mesmo os que deixaram fama, são agora apenas nomes em livros. Isso não é motivo de tristeza, mas de clareza: vive com foco no presente e não no aplauso da posteridade.

XLI. Se um deus te oferecesse sair da vida agora, irias em paz?

Imagina que um deus te dissesse: "Partirás agora." Estarias pronto? Podes dizer que viveste com retidão, que aproveitaste tua razão, que foste justo com os outros? Se a resposta for não, então muda. Vive de tal forma que possas partir a qualquer instante sem medo — apenas com gratidão.

XLII. És espírito — não te confundas com o corpo

Lembra-te sempre: és razão, consciência, presença. Teu corpo é só instrumento, casca, passagem. Não te deixes dominar por suas exigências efêmeras. Cuida dele como se cuida de um servo, não de um senhor. Tua essência está no que pensa, no que decide, no que ama. E essa parte pode ser livre em qualquer circunstância.

LIVRO

V

LEVANTA-TE: TUA NATUREZA É AGIR COM GRANDEZA

I. Levanta-te — não foste feito para repousar como as plantas

Ao despertar, questiona-te: "Por que estou relutando em me levantar se fui feito para a ação?" A natureza da tua alma é agir, não descansar. Até mesmo os animais seguem seus instintos com energia. Por que tu, dotado de razão, hesitas? Estás aqui para cumprir tua tarefa como ser humano — com coragem, justiça e dedicação. Não foste criado para o conforto, mas para o propósito.

II. O que é doloroso nem sempre é prejudicial

Muitas vezes, o que parece desconfortável é justamente o que tua alma precisa para crescer. A dor não é, por si, um mal — o mal é desviar-se da razão, ceder à covardia, agir com desonra. Aprende a discernir entre o que meramente machuca e o que te aprimora. Nem tudo o que dói é inútil. E muitas vezes, o que te alivia é o que mais te afasta de ti mesmo.

III. Não vivas como se fosses eterno

Quantos já morreram enquanto viviam como se tivessem tempo infinito? Tu também partirás. Por isso, não adies tua missão. Cada dia é uma dádiva, e cada dia é, em potencial, o último. Age como quem compreende isso. Faz o bem enquanto há luz em teus olhos. Não deixes para amanhã a virtude que podes praticar hoje.

IV. Se não fores justo, para que serves?

A alma que não busca a justiça trai sua própria natureza. Se as tuas decisões não se alinham à equidade e ao bem comum, estás desperdiçando o dom da razão. És parte do todo. E o todo só se mantém se cada parte cumpre sua função com integridade. Não há outro caminho digno.

V. Sê exigente contigo, e sê também bondoso

Não te deixes arrastar por desejos pequenos nem por desculpas tolas, sê rigoroso com teus impulsos. Não obstante, sê compassivo com teus erros. O progresso não está em nunca falhar, mas em reconhecer a queda e levantar com mais sabedoria. A verdadeira disciplina é silenciosa, paciente e constante.

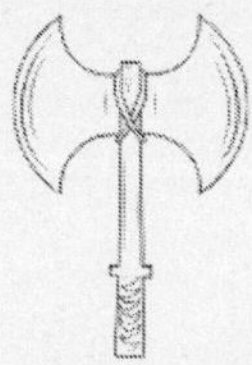

VI. Ninguém te impede de ser bom, só tu tens esse poder

Não culpes o mundo, os outros ou o destino. O que impede tua virtude és tu. Mesmo na adversidade, podes ser justo. Mesmo entre ignorantes, podes manter a lucidez. Mesmo na dor, podes manter a bondade. Nada fora de ti pode te tornar pior — a não ser que tu permitas.

VII. A felicidade está em viver conforme tua natureza

Quer ser feliz? Então vive como foste feito para viver: com retidão, coragem, domínio de si e cooperação com os outros. Nada mais te dará paz verdadeira. A alma encontra repouso não no prazer, mas na coerência. Tua natureza pede virtude — dá isso a ela, e encontrarás plenitude.

VIII. Estás aqui para agir, não para buscar aprovação

Age com firmeza e simplicidade, sem esperar elogios. A recompensa da boa ação está no próprio ato, não no reconhecimento. O lavrador não colhe por vaidade, mas por necessidade. Assim também tu: faz o que é justo porque é tua natureza. Se alguém vir, bem. Se ninguém notar, bem também. A virtude não precisa de plateia.

IX. Não te compares aos outros — volta teu olhar para dentro

O progresso verdadeiro não está em ser melhor que os outros, mas em ser melhor que ti mesmo ontem. Olhar para fora com inveja ou vaidade te distrai. Tua tarefa é cuidar da tua alma. Examina tua conduta, teus pensamentos, tuas intenções. A comparação útil é contigo mesmo: mais lúcido, mais sereno, mais justo a cada dia.

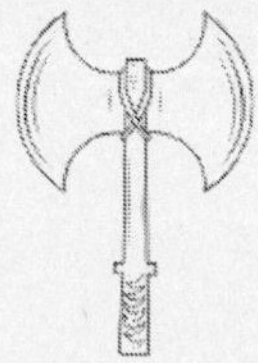

X. Tens a liberdade de recusar o mal

Mesmo cercado por injustiça, mentira ou ódio, ainda tens a liberdade de não reproduzi-los. Ninguém pode te forçar a trair tua consciência. És livre para agir com dignidade em qualquer situação. E essa liberdade é teu maior poder. Usa-a com honra — mesmo quando estiveres sozinho em tua escolha.

XI. Aceita tua tarefa com serenidade, não com lamento

Cada um tem uma função no todo. O carpinteiro, o lavrador, o comandante... Todos cumprem papéis diferentes, todos necessários para a engrenagem. A ti coube exatamente teu papel. Aceita-o com coragem. Se o destino te colocou em tal posição, então és capaz de vivê-la bem. A queixa só enfraquece. A aceitação engrandece.

XII. Não tentes convencer quem não está pronto, sê exemplo

Há aqueles que ainda não compreendem a virtude. Não os obrigues — inspira-os. Vive com coerência. Tua serenidade, tua firmeza, tua simplicidade serão mais eficazes que discursos. O exemplo é a linguagem mais profunda da alma. E mesmo que não percebam, tu já cumpriste tua parte.

XIII. Tua essência é ação reta e nada mais

Foste feito para agir com justiça. Isso define quem és. Não estás aqui para te perder em distrações, nem para fugir do esforço. A ação reta é tua assinatura no mundo. Não importa o resultado. Importa que tenhas feito o que é digno da tua alma. Isso basta.

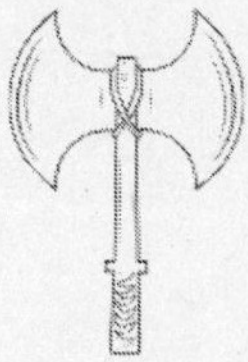

XIV. Mesmo os que te desafiam cumprem um papel

Quem te provoca, quem te confronta, até quem te prejudica — todos te oferecem a chance de crescer. Sem resistência, não há fortalecimento. Por isso, não os odeies. Usa cada encontro como treino de tua alma. A paciência, a compreensão e a firmeza se aperfeiçoam na prática.

XV. Vive o presente — ele é tudo o que tens

Não te percas em arrependimentos nem em ansiedades. O passado já não existe. O futuro ainda não chegou. Tudo o que tens é este momento. Vive-o com atenção. Faz dele um degrau para tua elevação. Age agora com sabedoria — e o resto se tornará leve por consequência.

XVI. A opinião alheia é sombra — não te guies por ela

Se fizeres o bem, faze-o com convicção. Se viveres com justiça, vive assim por tua consciência — não pela opinião alheia. A vaidade é um desvio sutil: te prende a elogios e te paralisa diante da crítica. Liberta-te disso. Quem vive para parecer perde a chance de ser. Sê verdadeiro, e deixa que os outros pensem o que quiserem.

XVII. Cada ação deve refletir tua alma

Não importa se tua tarefa é pequena ou grandiosa. O que a torna nobre é a forma como a realizas. Varre o chão com dignidade. Governa uma cidade com humildade. Cada gesto é expressão da tua alma. Age como alguém que está sempre moldando sua essência com as próprias mãos.

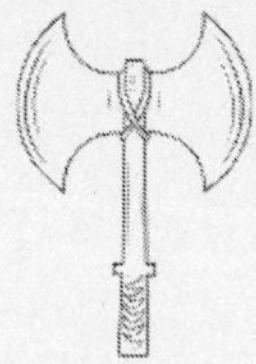

XVIII. Se não te esforças para viver bem, o que estás fazendo?

Viver sem buscar a virtude é apenas existir. Comer, dormir, passar os dias... isso até os animais fazem. A grandeza humana está em transformar a vida num exercício constante de justiça, sabedoria e domínio de si. Se não estás tentando isso, então estás desperdiçando a oportunidade de ser quem vieste a ser.

XIX. Aceita que a realidade segue ordem própria

O mundo não se molda aos teus desejos. A natureza segue leis maiores. Aprende a observá-la sem revolta. O que acontece, acontece por alguma razão — mesmo quando não entendes. A serenidade nasce dessa aceitação. Quem luta contra o curso natural sofre duplamente: pela dor e pela resistência.

XX. Não busques fugir da tua condição — aperfeiçoa-a

Não foste feito para voar como os pássaros nem para dormir como os ursos. Foste feito para agir com razão. Aceita teus limites com dignidade, e desenvolve o que tens de melhor. Não queiras ser outro: sê tua melhor versão.

XXI. Não há tarefa pequena para quem tem grandeza interior

A grandeza não está no tamanho da ação, mas na intenção com que é feita. Servir um copo de água, ouvir com atenção, cumprir um dever simples — tudo isso é digno se feito com alma. A nobreza está em viver com cuidado até nas coisas mais humildes. O universo se manifesta nos detalhes.

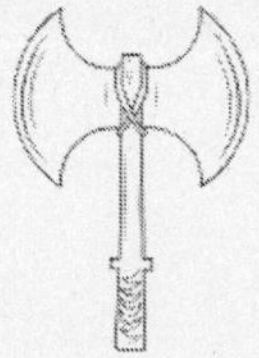

XXII. A raiva é perda de tempo; a compaixão, ganho de paz

Se alguém te ofende, não respondas com ira. A raiva é um veneno que começa por quem a sente. A compaixão, por outro lado, te liberta. Vê o outro como alguém que ainda não enxerga. E tu, se já vês mais longe, sê paciente. Ser superior não é dominar: é compreender e perdoar.

XXIII. Teu corpo é apenas um instrumento, não o teu senhor

Cuida bem do corpo, mas não faças dele teu centro. Ele adoece, envelhece, se desgasta. Usa-o como um artesão usa suas ferramentas — com atenção, mas sem apego. A verdadeira força está na alma. Se esta estiver bem governada, o corpo suportará o necessário.

XXIV. O tempo é um rio — aproveita o que passa por ti

Tudo flui, tudo passa. Não podes segurar um momento, nem voltar atrás. Mas podes viver bem o que está diante de ti agora. Aproveita cada instante como quem sabe que ele não volta. E não te afastes da corrente — aprende a nadar com leveza, com entrega e presença.

XXV. És chamado a cooperar com o mundo, não a combatê-lo

Estás aqui como parte de um todo. Tuas ações influenciam o mundo, assim como o mundo age sobre ti. Quando ages em harmonia, tudo flui. Quando tentas impor tua vontade à força, tudo se atrasa. Coopera com o tempo, com os outros, com a natureza. A harmonia nasce do entendimento mútuo, não da disputa.

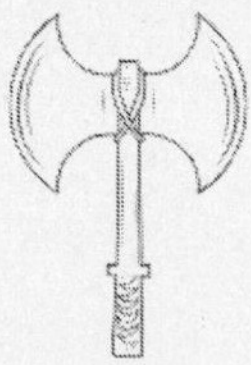

XXVI. Não há razão para temer a mudança: ela é a própria vida

Tudo o que vês está em transformação. O mundo se renova a cada instante. A natureza é mudança, e resistir a isso é resistir à própria existência. O que agora parece fim é apenas passagem. Aprende a acolher o novo, como parte do todo ao qual pertences. A vida não para — e tu também não deves parar de crescer.

XXVII. A bondade deve ser tão natural quanto respirar

Não deves precisar ser convencido a fazer o bem. Tal como o olho vê, o ouvido ouve e o coração pulsa, tua alma foi feita para a bondade. Se ages com egoísmo, estás agindo contra tua natureza. A virtude não exige esforço forçado — ela exige apenas que deixes tua alma agir livremente.

XXVIII. Sê firme como a torre que desafia o vento

Quando fores atingido por críticas, ofensas ou contratempos, lembra-te: a torre não se curva ao vento. Tua força está em te manter íntegro, mesmo quando tudo à volta balança. O que te abala não é o que acontece — é tua reação. E isso, sim, está em tuas mãos.

XXIX. Não precisas de grandes discursos — precisas de coerência

Falar sobre virtude não é suficiente. Viver com virtude é o que importa. Muitos sabem explicar o bem; poucos são os que o praticam. Tu, porém, podes ser um deles. Deixa que tuas ações falem por ti. A filosofia não se aprende só nos livros — aprende-se nos dias vividos com coragem e verdade.

XXX. A verdade é simples — evita o excesso de palavras

As ideias verdadeiras não precisam de enfeites. A clareza é a marca da razão. Quando te explicares, sê direto, calmo, preciso. Falar com simplicidade não é sinal de ignorância, mas de sabedoria. A alma tranquila não grita — ela expressa.

XXXI. Sê como o soldado que cumpre seu posto com honra

Não importa se tua tarefa é grandiosa ou modesta. Cumpre-a como um soldado que guarda sua posição. És parte do exército do universo, e tua missão, mesmo que discreta, é essencial. Cumpre-a com disciplina, sem se queixar, sem desertar. A honra está em não abandonar teu posto.

XXXII. Não te percas nas fantasias do futuro — volta para o agora

Sonhar com o que virá pode parecer agradável, mas muitas vezes te tira do presente. E é no agora que a vida realmente acontece. Tudo o que precisas fazer, sentir e decidir, está diante de ti neste instante. Volta-te para o momento presente — ele é o único tempo em que tua alma pode agir.

XXXIII. O universo não é injusto — é indiferente e equilibrado

Não esperes que a vida seja gentil por tua causa. O universo não é pessoal — ele é ordenado. Ele não conspira contra ti, mas também não se curva a teus desejos. Aprende a viver conforme essa ordem: adaptando-te, aceitando, ajustando tua alma ao que te é dado. A harmonia está em aceitar o mundo como ele é.

XXXIV. O valor da vida não está na duração, e sim na profundidade

Não importa se viverás muitos anos. Importa como viverás os dias que te forem dados. Um curto momento pode conter mais sentido do que uma longa existência vazia. Escolhe a intensidade do que é justo, não a extensão do tempo. Vive de forma que cada dia seja uma afirmação de tua essência.

XXXV. Não vivas como um estranho para tua alma

Muitos vivem sem olhar para dentro. Desconhecem suas motivações, seus valores, suas contradições. Torna-te íntimo de ti mesmo. Observa tua alma como um bom amigo observa o outro — com atenção, gentileza e verdade. Só quem se conhece pode se transformar.

XXXVI. Não digas que não tem tempo se tens o agora

Sempre que disseres "não tenho tempo", pergunta-te: "Para o que exatamente estou dizendo isso?" Tens tempo para respirar, para pensar, para escolher o bem, mesmo em meio às tarefas. O que falta, às vezes, não é tempo: é direção. Usa o tempo com foco e verás que ele é suficiente.

XXXVII. Deixa que tua mente brilhe com verdade — não com vaidade

A beleza da alma está na sua clareza. Não é preciso ser admirado pelos outros — é preciso ser íntegro consigo mesmo. Brilha com o que tens de melhor: tua honestidade, tua justiça, tua compaixão. Isso é luz que não precisa ser anunciada, visto que simplesmente ilumina onde passa.

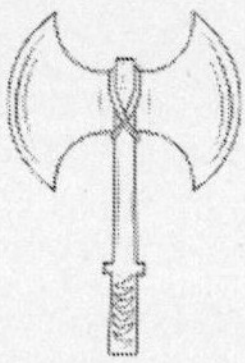

XXXVIII. Aproveita a vida sem ser possuído por ela

Desfruta daquilo que a vida te dá com gratidão; evita, porém, o apego. Ama as pessoas, sem tentar prendê-las. Usa as coisas, sem tornar-te escravo delas. O segredo está no uso moderado e consciente. Tudo o que é excessivo te domina. Tudo o que é vivido com sabedoria te liberta.

XXXIX. Não te iludas com o orgulho do saber

Saber muitas coisas não é sinal de sabedoria. Há quem conheça mil teorias, mas não saiba viver. Sê aquele que aplica o que entende. Que vive o que pensa. Que transforma conhecimento em ação. A sabedoria não se mostra com palavras, mas com serenidade e coerência.

XL. Lembra-te de que tua mente é como uma fortaleza

Constrói tua mente como um castelo: firme, bem guardada, limpa de confusão. Ninguém pode invadi-la sem tua permissão. Se mantiveres tua razão forte e clara, serás inabalável. Mesmo que tudo desabe lá fora, estarás inteiro por dentro. Isso é poder verdadeiro.

XLI. A generosidade verdadeira não espera retorno

Quando deres algo — tempo, afeto, ajuda — faze-o como quem cumpre uma missão, e não como quem exige pagamento. A árvore não espera agradecimento ao dar sombra. Dá porque é sua natureza. Que tua alma seja abundante, frutífera, sem que contabilizes débitos e devedores: dar já é recompensa.

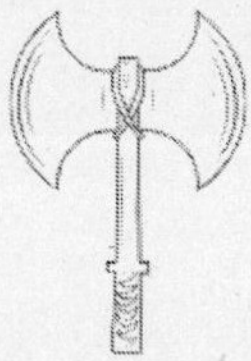

XLII. Se algo te parece bom, verifica se é bom de verdade

Nem tudo o que brilha é justo. Nem tudo o que dá prazer te faz bem. Examina com cuidado: é útil à tua alma? Fortalece tua razão? Se a resposta for não, então não te deixes seduzir. O bem verdadeiro é aquele que te torna mais digno de ti mesmo.

XLIII. Não és dono da vida — és seu hóspede

Tua passagem por aqui é breve. Vens sem pedir, partes sem avisar. Vive com respeito, como quem está hospedado num lugar sagrado. Não deixes desordem. Não tomes o que não é teu. Agradece pela estadia, honra o tempo, e parte com leveza quando chegar a hora.

XLIV. A presença é tua melhor qualidade

Não te disperses. Não te percas em pensamentos inúteis. Está presente no que fazes, no que dizes, no que sentes. A alma que vive o agora vive com intensidade. E a vida não precisa ser longa, precisa ser completa.

XLV. Pensa como cidadão do universo — não como estrangeiro

Não estás isolado. Estás entre irmãos humanos, sob as mesmas leis, parte da mesma razão universal. Quando pensas assim, a compaixão floresce. A vaidade cede lugar à humildade. O egoísmo dá espaço à cooperação. Vive como parte do todo, e encontrarás teu lugar.

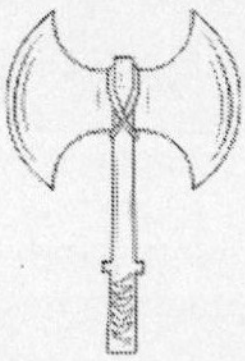

XLVI. O fim está próximo — então vive com verdade

A vida é breve, e o fim se aproxima para todos. Não sabes se verás o amanhã. Então sê justo hoje. Sê calmo hoje. Sê grato hoje. Vive como quem está prestes a partir — com leveza, com dignidade, com tudo em ordem dentro de si. Vive, portanto, bem: com coragem de enfrentar o fim a qualquer momento, sem pendências na alma.

LIVRO

VI

DOMÍNIO DE SI: A ALMA QUE SE GUIA PELA RAZÃO

I. A mente desperta transforma tudo em oportunidade

A mente que está em harmonia com a natureza vê em tudo uma chance de crescer. Mesmo o que parece obstáculo pode ser um impulso. A alma desperta transforma pedras em degraus. Não escolhe o que acontece, mas escolhe como reage. E isso basta para viver com poder interior.

II. A tua essência é racional

És razão. E a razão foi feita para agir com justiça, verdade e serenidade. Sempre que foges disso, sofres. Quando ages contra tua natureza, sentes desconforto. Por isso, volta sempre ao teu centro. Vive como o ser racional que és, e a paz virá.

III. Cada parte deve servir ao todo — essa é a lei da natureza

Teu papel no mundo está conectado ao conjunto da vida. O olho não se rebela contra o corpo; a árvore não se queixa do vento. Também tu és parte de um organismo maior. Vive em função do bem comum, e encontrarás teu próprio bem. Separar-se do todo é definhar.

IV. Foste feito para trabalhar — não para reclamar

O cavalo corre, a abelha trabalha, a flor floresce. E tu, ser humano, foste feito para cumprir teu dever com dignidade. Não vieste ao mundo para o conforto ou o prazer. Vieste para colaborar com o universo. Cada dia em que te dedicas a isso, és feliz — ainda que ninguém veja.

V. Se algo não te pertence, não reclames como se fosse teu

O corpo, a fama, a saúde, os bens — tudo isso é empréstimo. Cuida bem, mas não te apega. O que é teu de verdade é tua alma. A justiça que praticas. A coragem com que enfrentas a dor. O caráter com que vives. Isso sim te define. O resto é cenário.

VI. A beleza está em viver segundo a tua natureza

Nada é mais belo do que uma alma alinhada consigo mesma. Um homem justo, calmo e fiel à sua essência brilha com uma luz que não se apaga. É essa beleza que deves buscar: não a dos olhos, mas a da consciência em paz.

VII. Evita o lamento — cultiva a ação tranquila

Queixas são ruído. A ação serena é música. Em vez de reclamar, faz o que precisa ser feito. Em vez de apontar culpados, corrige o que está ao teu alcance. O mundo melhora um pouco cada vez que alguém troca a reclamação por uma atitude digna.

VIII. Tudo passa — mas a virtude permanece

A juventude passa. A saúde se vai. A fama desaparece. Mas uma alma que viveu com retidão permanece inabalável mesmo no fim. Aprende a investir no que dura. E o que dura é aquilo que faz tua consciência se manter ereta diante de qualquer cenário.

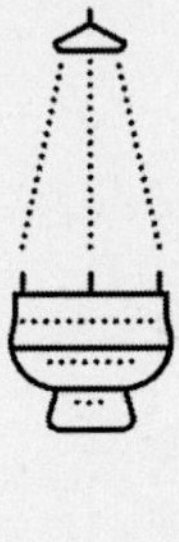

IX. Não lutes contra o destino — caminha com ele

Tudo o que te acontece estava já inscrito no tecido do universo. Não és vítima do acaso. És parte de uma grande ordem. Quanto mais te alinhas com ela, menos sofres. A aceitação não é fraqueza — é sabedoria ativa.

X. Não é o que os outros fazem — é o que tu escolhes ser

Os outros podem errar, enganar, ferir. Mas tu continuas livre para escolher a virtude. Podes ser justo mesmo quando te cercam injustiças. Podes ser gentil mesmo entre os duros. Ninguém te obriga a ser pior. És tu quem decide tua resposta ao mundo.

XI. Cada coisa tem seu tempo e curso natural

Assim como o fruto precisa amadurecer, cada evento acontece em seu momento. Não forces. Não apresses. Tudo chega quando deve. Aprende a agir no tempo certo — nem antes, nem depois. A sabedoria é paciente.

XII. Não desperdices teu tempo com o que não edifica

Evita discussões vazias, pensamentos repetitivos, hábitos inúteis. Tua vida é curta demais para ser desperdiçada com o que não te eleva. Escolhe bem o que pensas, o que falas, o que fazes. Cada instante é matéria-prima para tua grande obra.

XIII. A injustiça dos outros não deve justificar a tua

Quando alguém erra contigo, não tomes isso como desculpa para fazer o mesmo. Sê melhor. Mantém tua integridade mesmo diante da injustiça. A vingança contamina. O perdão te liberta. A alma forte permanece reta, mesmo quando tudo à sua volta se desvia.

XIV. Quem age com justiça está em paz consigo mesmo

A serenidade não vem da ausência de desafios, mas da clareza de propósito. Quando sabes que estás fazendo o que é certo, não precisas da aprovação de ninguém. A alma justa se basta. Vive assim, e tua paz será firme como uma rocha.

XV. Tudo que acontece contigo estava destinado desde o início

Cada pessoa que conheces, cada evento que vivencias — tudo isso já fazia parte da trama da tua vida. O universo é um tecido entrelaçado. Aceita teu lugar nessa trama com humildade. Mesmo quando não entendes, confia que há um sentido maior em curso.

XVI. Evita a agitação — cultiva a quietude da alma

A alma tranquila vê melhor. Não é com pressa ou barulho que se entende a vida, mas com silêncio e atenção. Aprende a ser calmo mesmo no meio da confusão. A paz não vem de fora — nasce dentro.

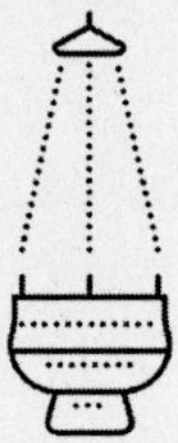

XVII. Não te deixes escravizar pelos desejos

O que te prende não são as coisas, mas tua relação com elas. Queres demais. Esperas demais. Exiges demais. Liberta-te da necessidade de ter, de ser admirado, de vencer sempre. A alma leve vive com o essencial — e é mais feliz por isso.

XVIII. Aprende a ver a beleza do suficiente

Há uma paz sutil em viver com menos — menos desejo, menos excesso, menos ruído. A alma que reconhece o valor das coisas simples se liberta da constante sensação de falta. O suficiente não é pouco; é tudo o que precisas para viver bem. Cultiva essa medida — nela habita a verdadeira abundância.

XIX. A morte não é um mal — é apenas natural

Tudo o que nasce, morre. Tudo o que começa, termina. Temê-la não muda sua chegada. Mas compreendê-la te liberta. Vive cada dia como quem sabe que é passageiro — e por isso vive com mais presença, mais coragem e mais verdade.

XX. Não vivas como quem ainda tem mil anos pela frente

Acorda! A vida está passando. Cada dia que negligencias não volta mais. Aproveita o agora. Vive como quem foi chamado para uma missão e não pode desperdiçar tempo. A urgência da alma não é desespero — é propósito.

XXI. Sê silencioso como a vinha que dá fruto

A árvore não faz alarde quando floresce. A videira não se vangloria ao dar uvas. Elas apenas cumprem seu papel. Assim também faz tu o bem com naturalidade. Não esperes aplauso. A grandeza verdadeira é silenciosa — e constante.

XXII. Aceita o que a vida te apresenta como parte do todo

Tudo o que te acontece é como um fio na grande tapeçaria do universo. Não podes ver o desenho completo, mas ele existe. Mesmo o que parece injusto ou doloroso faz parte dessa obra maior. Confia na ordem natural. Tua tarefa é viver tua parte com dignidade.

XXIII. Não deixes tua mente se contaminar pela maldade alheia

Se alguém mente, engana ou age com crueldade, isso é responsabilidade dele. Tu podes escolher não te contaminar. Mantém tua mente limpa, focada no que é justo. A alma firme se preserva mesmo em ambientes tóxicos.

XXIV. A sabedoria não depende da idade, e sim do uso do tempo

Há quem viva muitos anos e permaneça ignorante. E há quem viva pouco, mas com tanta clareza que parece ter vivido séculos. Não te preocupes com a longevidade. Preocupa-te em usar bem cada instante. A profundidade é mais valiosa que a duração.

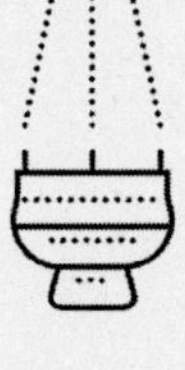

XXV. Viver bem é alinhar tua razão com o que é natural

A natureza te deu razão — usa-a. Sempre que ages com lógica, justiça e autocontrole, estás vivendo de acordo com tua essência. Isso é viver bem: não em conforto ou prazer, mas em coerência interior.

XXVI. Não precisas julgar os outros — basta compreender e seguir teu caminho

Julgar é fácil. Compreender é mais sábio. As pessoas erram porque não enxergam. Se pudesses ver com os olhos delas, talvez entendesses seus atos. Em vez de condenar, compreende. Em vez de te ofender, avança.

XXVII. Cuida da tua alma como teu bem mais precioso

Teus bens podem ser roubados. Teu corpo pode adoecer. Mas tua alma — tua razão, tua integridade, teu caráter — só tu podes proteger ou abandonar. Cuida dela com atenção. É teu verdadeiro lar. E dele vem tua paz ou teu tormento.

XXVIII. A virtude deve ser buscada com a mesma paixão com que outros buscam prazer

Há quem corra atrás de prazer, luxo ou fama com enorme dedicação. Tu, porém, deves buscar a virtude. E não o faças com menos intensidade. Ama a justiça com paixão. Serve à sabedoria com disciplina. Quem se entrega àquilo que o fortalece encontra mais alegria do que quem vive para se satisfazer.

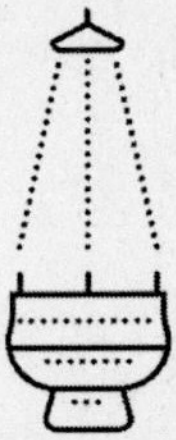

XXIX. Não tentes mudar o mundo todo — começa pelo teu interior

A alma desordenada quer corrigir tudo à sua volta, mas não se corrige. Começa em ti. Domina teus impulsos. Sê exemplo de equilíbrio. O mundo se transforma de dentro para fora — não ao contrário.

XXX. Aceita que muitos não entenderão o teu caminho

Haverá quem critique tua firmeza, tua simplicidade, tua recusa em viver como todos. Isso não importa. O importante é viver conforme tua consciência. Quem te julga vê só a aparência. Tu conheces tua intenção. Sê fiel a ela — e estarás sempre em boa companhia.

XXXI. A vida é breve — mas basta para quem a vive com clareza

Não te preocupes com o quanto viverás, mas com a maneira como estás vivendo. Um dia bem vivido, com consciência e verdade, vale mais que anos de distração. Aproveita o tempo com intenção. A vida é curta, sim — mas suficiente para a grandeza.

XXXII. Evita a pressa que gera confusão — age com precisão

Quem corre demais erra. Quem vive em agitação tropeça. Aprende a mover-te com clareza. Decide com calma. Fala com cuidado. Age com foco. A pressa não é sinal de eficiência — muitas vezes, é só desordem disfarçada de urgência.

XXXIII. A injustiça fere primeiro a quem a comete

Quando alguém age contra a razão, se fere antes de ferir o outro. Fazer o mal distorce a própria alma. Lembra-te disso quando fores alvo da maldade: o dano real está em quem o causa. Tu podes sair ferido no corpo; o injusto sai machucado na alma.

XXXIV. Não percas tempo com o que não depende de ti

Preocupar-te com o que não controlas é como tentar parar o vento com as mãos. Ocupa-te do que está ao teu alcance: teus pensamentos, tuas ações, tuas reações. Esse é teu campo de poder. O resto, observa com serenidade.

XXXV. O verdadeiro poder é autodomínio

Não é forte quem grita, impõe ou domina os outros. É forte quem domina a si mesmo. Quem contém a raiva. Quem fala com sabedoria. Quem resiste ao impulso. O verdadeiro poder é silencioso — e começa dentro.

XXXVI. Mesmo em meio ao caos, podes manter tua alma limpa

A confusão do mundo não precisa contaminar tua alma. A injustiça dos outros não precisa gerar em ti injustiça. Aprende a guardar tua paz. Sê como o sol que brilha mesmo entre nuvens. A alma firme não se deixa manchar.

XXXVII. Não esperes que o mundo te compreenda para viver com verdade

Tua tarefa é ser bom, não ser compreendido. Muitos não entenderão tua serenidade, tua escolha pela virtude, tua recusa em seguir a multidão. Tudo bem. Quem precisa entender é tua própria consciência. E com ela, tu podes conversar sempre.

XXXVIII. Não busques aprovação — busca coerência

Faz o que é certo porque é certo. Não para ser elogiado. Não para agradar. O elogio é vento. A coerência é raiz. Quando tua vida estiver alinhada com tua verdade, o resto pouco importará.

XXXIX. A natureza te criou para cooperar, não para competir

Tua essência é social. Vieste ao mundo para colaborar, não para vencer os outros. A competição alimenta o ego; a cooperação fortalece a comunidade. Quando pensas no todo, descobres teu verdadeiro papel.

XL. A razão é tua bússola — segue-a com confiança

A razão é a centelha divina em ti. Quando tudo for confuso, volta a ela. Quando o medo te invadir, ouve-a. Quando a dúvida surgir, consulta-a. Ela não grita, mas sussurra com firmeza. E se a seguires, nunca estarás perdido.

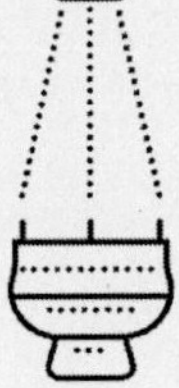

LIVRO VII

O PODER INTERIOR: SERENIDADE EM MEIO AO CAOS

I. Não te percas nas aparências — volta à essência

Em tudo, busca enxergar o que realmente é. O pão é farinha e água. O vinho, suco fermentado. A fama, voz de outros. Se vês com clareza, és livre. Não és enganado pelo brilho superficial. Tua liberdade começa na tua visão.

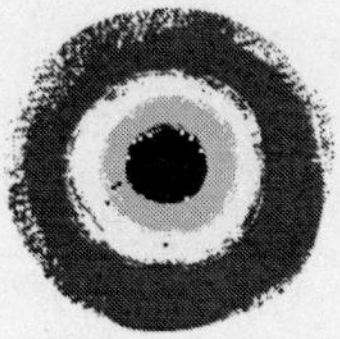

II. A mente tranquila é tua maior conquista

Mesmo no meio do tumulto, podes manter tua paz. Lembra-te: não é o que acontece, mas como tua alma responde. A mente que se governa é invencível. E tu, se quiseres, podes viver com essa firmeza.

III. Não há grandeza sem domínio de si

Queres ser admirado? Aprende primeiro a ser dono de ti mesmo. Quem não domina seus desejos é escravo. Quem não controla sua raiva se destrói. A verdadeira glória está em ser calmo quando tudo grita, justo quando tudo seduz.

IV. A razão é como chama que brilha por si

A luz da razão não depende dos outros. Como o fogo que sobe mesmo quando cercado, tua alma racional busca o alto. Alinha teus pensamentos com ela, e nunca andarás perdido.

V. Aceita o que a natureza dá — rejeita só o que é indigno

Tudo o que vem de fora é neutro. A perda, o elogio, o fracasso — tudo pode ser enfrentado com nobreza. Só rejeita aquilo que te tornaria injusto ou vil. O resto, acolhe com sabedoria.

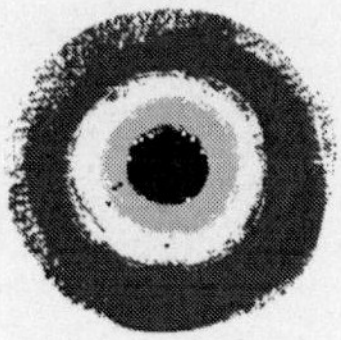

VI. Se tua ação for boa, não temas nada

Faz o que é certo — ainda que te critiquem, ainda que não vejam. A recompensa está no próprio ato. A alma nobre não age por aplausos. Age porque encontrou sua verdade.

VII. A alma justa caminha sozinha, se for preciso

Muitas vezes, terás de seguir um caminho diferente da multidão. Não temas isso. Se tua escolha for justa, caminha com firmeza. A maioria nem sempre sabe o que faz. Tu, porém, tens o privilégio de escolher com consciência.

VIII. A raiva é sinal de que perdeste o controle

Quando te irritas, entrega teu poder ao outro. Admite que foi provocado e reagiu. Tu és maior do que o deslize. Respira, observa, escolhe. A alma firme responde — não explode.

IX. A morte é passagem — não ruptura

Nada que segue a ordem da natureza pode ser um mal. A morte não nos arranca da vida, mas nos conduz ao seu desfecho natural. Assim como aceitas o nascer, o crescer, o envelhecer — aceita também o partir. Ela não te destrói, apenas te devolve àquilo de onde vieste. Teme menos. Vive melhor. Quando a alma compreende o ciclo, até o fim se torna um retorno em paz.

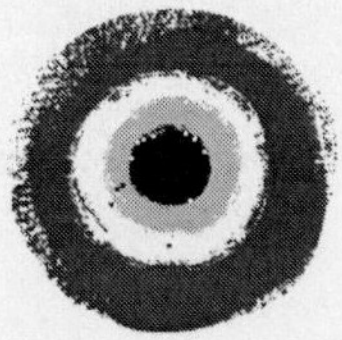

X. Tua riqueza está no que já é teu

Olha com mais atenção: já tens o que importa. Tens o agora, tens tua consciência, tens a chance de escolher com clareza. Em vez de te perder no que falta, volta-te para o que já floresce em ti. A mente serena sabe reconhecer o bastante. E quem sabe reconhecer o bastante, vive como quem tem tudo.

XI. Não te comportes como se fosses o centro

Tu és um cidadão do universo, não o seu dono. O mundo não gira ao redor dos teus desejos. Age de forma que tua presença contribua para a harmonia do conjunto. Servir ao todo é servir a ti mesmo — pois és parte dele.

XII. Quem entende a natureza, aceita seus ciclos sem revolta

A natureza não age por malícia. Tudo que acontece tem uma razão no todo. Se entendes isso, não reclamas. Aceita a mudança, a perda, o renascimento. Assim como as estações se sucedem, tua vida passa por fases — e todas são necessárias.

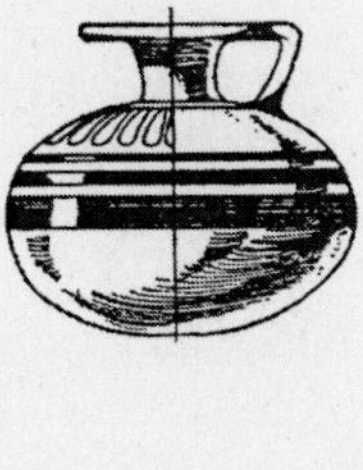

XIII. Não deixes tua mente vagar sem direção

Tua mente é teu bem mais valioso. Se a deixas à deriva, será levada por impulsos, medos e ilusões. Mas se a educas, ela se torna tua fortaleza. Treina tua atenção como quem cuida de um jardim: com constância e carinho.

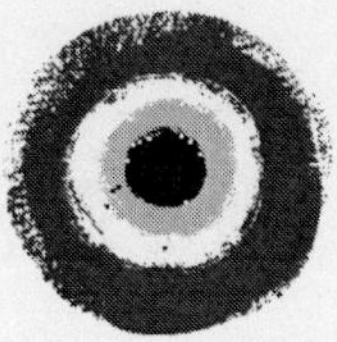

XIV. Não esperes que o mundo seja justo para seres justo

Faz o bem não porque o mundo o faz — mas porque tu és capaz disso. A injustiça dos outros não te dá permissão para ser injusto. Mantém tua dignidade mesmo quando tudo parece contrário. Isso é grandeza de alma.

XV. Evita a pressa de concluir — vive o processo

Muitas vezes estamos tão ansiosos pelo fim que esquecemos de viver o caminho. Mas o agora é tudo o que tens. Caminha com presença. Age com atenção. O fim chegará, naturalmente — mas tua missão é viver bem cada passo.

XVI. Não gastes tua vida tentando impressionar

A vaidade é uma armadilha. Te afasta de ti mesmo. Não vivas para parecer — vive para ser. Quando tua alma está em ordem, não precisas chamar atenção. Tua paz se torna teu brilho.

XVII. Quando fores tentado, lembra-te do que realmente importa

O desejo momentâneo parece intenso. Todavia passa. A honra que perdeste para satisfazê-lo, não. Lembra-te de quem queres ser. Age em nome da tua alma, e não dos teus impulsos. Essa escolha define teu destino.

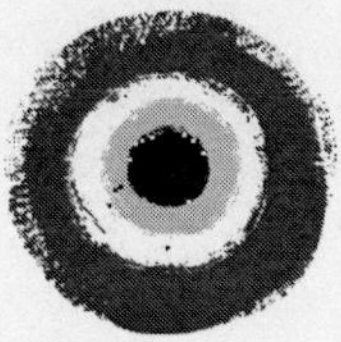

XVIII. A dor do corpo é menos poderosa que a confusão da mente

Muitas vezes suportamos doenças físicas com coragem, ao passo que nos desesperamos com ideias equivocadas. Cuida da tua mente. Organiza teus pensamentos. Uma alma clara enfrenta qualquer dor com mais firmeza que um corpo forte.

XIX. Sê humilde diante da imensidão do tempo e do espaço

Quantas gerações vieram antes de ti? Quantas virão depois? Olha para o céu, para as estrelas, para a eternidade e verás como tua existência é breve. Isso não deve te assustar, mas te inspirar a viver com simplicidade, humildade e sentido.

XX. Não há grandeza sem serviço

O verdadeiro poder não está em ser servido — mas em servir. Quando contribuis, quando ergues outros, quando tornas o mundo melhor à tua volta, tornas-te grande. A alma se eleva quando deixa de pensar só em si.

XXI. Sê como a rocha que o mar insiste em bater e que permanece firme

Não podes impedir que as ondas venham. Mas podes escolher não te mover com elas. A alma que se mantém serena diante das dificuldades é como uma rocha: silenciosa e imbatível. Treina essa firmeza. Ela não nasce de fora — nasce da tua escolha.

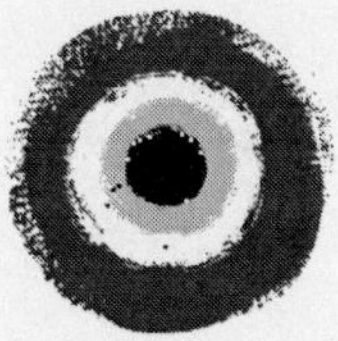

XXII. A opinião dos outros não deve te afastar de ti mesmo

O que os outros pensam de ti é problema deles. O que importa é o que tu pensas de ti e se tua consciência está tranquila. Muitos gritam por fora, mas se calam por dentro. Tu, ao contrário, vive de modo que tua alma nunca te acuse.

XXIII. Se não estiver em tua mão, não carrega como fardo

Há coisas que não podes mudar: o passado, a opinião alheia, o destino de outras pessoas. Carregar isso é carregar peso inútil. Foca no que está ao teu alcance. O resto, entrega com confiança ao tempo e à razão do universo.

XXIV. A harmonia está em aceitar o papel que te foi dado

Nem todos serão líderes. Nem todos brilharão aos olhos do mundo. Mas todos têm um papel insubstituível no todo. O teu é único. Aceita-o com humildade e cumpre-o com excelência. A alma cresce quando abraça sua missão sem inveja nem vaidade.

XXV. Tu és responsável pelo que cultivas dentro de ti

As sementes do ódio, da inveja ou da vaidade podem surgir — mas só crescem se as alimentares. Tu decides o que regar. Cultiva a paz. Cultiva a paciência. Cultiva a compaixão. E tua alma florescerá, mesmo em solo árido.

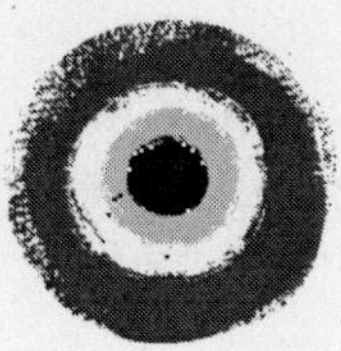

XXVI. Não deixes que tua alma envelheça antes do corpo

Muitos vivem como mortos: sem entusiasmo, sem presença, sem propósito. Mantém tua alma jovem com curiosidade, coragem e gratidão. A vida continua enquanto houver vigor interior — não enquanto o coração bater.

XXVII. A disciplina não é opressão — é libertação

Sê firme contigo não por dureza, mas por amor à tua grandeza. A alma indisciplinada se torna escrava dos desejos. A alma disciplinada, por outro lado, é livre — age por escolha, não por impulso. E isso é liberdade verdadeira.

XXVIII. O que o outro é não depende de ti; tua reação, sim

Não podes mudar o caráter alheio. Mas podes escolher se te tornarás pior por causa dele. Quando fores ferido, não retribuas com dor. Quando fores enganado, não te tornes cínico. Continua sendo quem és — mesmo quando tudo tenta te arrastar para baixo.

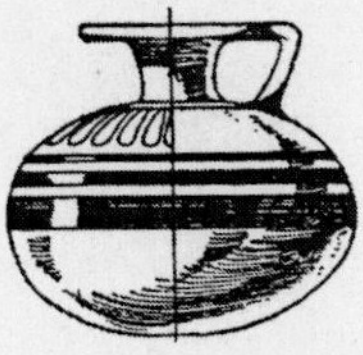

XXIX. A alma que se basta é invulnerável

Nada de fora pode destruir quem tem paz interior. A perda, a crítica, a dor — tudo isso bate à porta, mas não entra. A fortaleza está dentro de ti. Cuida dela, vigia-a, renova-a. A verdadeira segurança vem de viver em sintonia com tua essência.

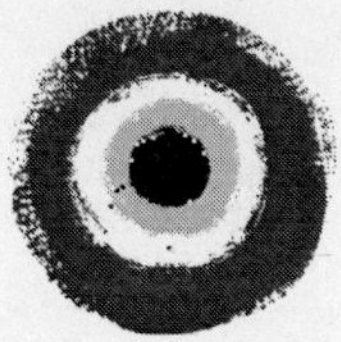

XXX. O bem não precisa de justificativa — ele se sustenta por si

Faz o que é certo porque é certo. Não percas tempo explicando tuas virtudes. A justiça, a paciência, a honestidade — todas elas são válidas mesmo que ninguém veja, mesmo que ninguém compreenda. A alma virtuosa anda em silêncio.

XXXI. Vive desperto — como quem sabe que o tempo é breve

Não vivas como se tivesses um tempo infinito à frente. Cada dia é um chamado à lucidez. A morte não avisa — apenas cumpre o que é natural. Então não adormeças na rotina. Faz agora o que é justo. Diz agora o que é sincero. Ama agora, enquanto ainda estás aqui. Quem vive desperto, parte em paz.

XXXII. A verdadeira glória é ser lembrado pela tua alma, não pelo teu nome

Os monumentos desmoronam. Os nomes se apagam. A impressão que tua alma deixou no mundo permanece em silêncio, no coração dos outros. Cultiva um legado de bondade, e terás vencido a morte.

XXXIII. Não sigas a multidão se ela te afasta da tua consciência

A maioria pode errar — e muitas vezes erra. Ter a coragem de pensar por conta própria é um ato de integridade. A multidão muda com o vento. Permanece tu firme no que é justo. A consciência é bússola, portanto segue-a.

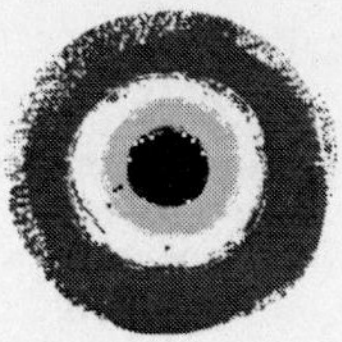

XXXIV. A razão foi dada para ordenar, não para julgar com severidade

Não uses tua razão como espada contra os outros. Usa-a como luz para ti mesmo. Corrige com compaixão. Orienta com humildade. A sabedoria que condena não é sábia — é orgulho disfarçado. A verdadeira razão edifica.

XXXV. A injustiça alheia é desafio para tua virtude, não desculpa para tua queda

Quando fores alvo da injustiça, vê nisso uma oportunidade de te fortalecer. Tu não controlas o que fazem contigo — mas controlas o que fazes contigo mesmo. Podes sair melhor de cada ofensa se assim escolheres.

XXXVI. Aceita a impermanência — ela dá sentido à ação

Tudo muda. Tudo passa. Isso não é motivo de tristeza, mas de urgência. Sabendo que o tempo é breve, aproveita-o. Ama mais. Age com coragem. Diz a verdade. A impermanência nos lembra que não há tempo a perder com o supérfluo.

XXXVII. A compaixão é a resposta mais nobre à ignorância

Quando alguém erra, não te apresses em julgar. Lembra que a raiz do erro é quase sempre o desconhecimento. Tu mesmo já foste cego em outros momentos. Sê paciente. A alma generosa não se envaidece por saber — ensina em silêncio.

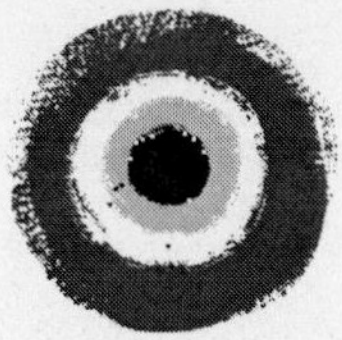

XXXVIII. Não és um corpo com uma alma — és uma alma que usa um corpo

Cuida do corpo, mas lembra-te sempre: ele é instrumento, não identidade. És mente, razão, consciência. Quanto mais te identificas com tua alma, mais leve, livre e forte te tornas. Tudo o que é essencial em ti, o tempo não pode tocar.

XXXIX. A serenidade nasce quando aceitas o que foge ao teu controle

Se fizeres tua parte com retidão, o que vier depois não te pertence. Deixa que o universo continue seu curso. A alma serena cumpre sua tarefa e descansa — porque sabe que fez o possível. O resto é vento.

XL. O universo é harmonia — basta que te alinhes a ele

Nada está fora do lugar. Mesmo o que parece caos tem uma lógica profunda. Quando tua alma se alinha com essa ordem, sentes paz. És como a nota certa dentro da melodia. Não precisas controlar tudo — só tocar tua parte com verdade.

LIVRO VIII

A SABEDORIA DA AÇÃO SILENCIOSA

I. O bem deve ser feito com leveza, como o ar que se respira

Quando ajudares alguém, não o faças esperando reconhecimento. Assim como o cavalo corre, a abelha produz mel, e o sol aquece, também tu deves fazer o bem como expressão natural de tua alma. A virtude é ação espontânea de quem vive em acordo com a razão — e não precisa ser celebrada.

II. Não há tempo a perder — volta-te agora para tua essência

A vida não espera. Cada dia desperdiçado longe da tua verdade é um dia que não volta. Não deixes que o medo ou a preguiça adiem tua transformação. Tens em ti o que é preciso para começar, aqui e agora. Acorda.

III. Quando tua alma é íntegra, nada do mundo a perturba

Se viveres com retidão, tua paz será inabalável. O que vem de fora não tem poder sobre ti, a menos que tu dês permissão. A injustiça, a perda, o ruído externo — tudo isso passa, mas a alma firme permanece. Mantém-te inteiro, e estarás sempre em casa.

IV. Evita o julgamento apressado — tudo tem uma razão de ser

Não concluas apressadamente. O que parece absurdo à primeira vista, pode fazer parte de um desígnio maior. Cada um age conforme sua compreensão, e, às vezes, a ignorância se traduz em maldade. Vê com compaixão antes de condenar. Compreender é mais sábio que reagir.

V. Não corras atrás da aprovação — ela é sombra que escapa

Viver buscando o olhar alheio é como correr atrás do vento. Faz o que é justo porque é teu dever. Se os outros virem, ótimo. Se não virem, ótimo também. A alma virtuosa se basta. E quem precisa de aplausos nunca conhecerá a liberdade interior.

VI. Tua paz está em viver bem o agora — não em esperar o momento ideal

Não esperes a situação perfeita, a companhia certa ou o tempo propício para começar a agir com dignidade. Tudo o que tens é este instante. Aproveita-o com lucidez. Não adies o bem que podes fazer hoje — a alma desperta não espera.

VII. Quem ofende, já está em sofrimento

O outro que mente, trai ou agride está, no fundo, perdido em sua própria confusão. Reagir com raiva é rebaixar-se ao mesmo estado. Olha para ele como quem olha um doente — com firmeza, sim, mas também com compaixão. Não absorvas o veneno que te atiram.

VIII. A virtude é invencível — quando é verdadeira

Nada pode deter uma alma que age conforme a razão. Mesmo que aprisionada, caluniada ou esquecida, ela permanece livre. A verdadeira força está em manter tua essência intacta. Vive de forma que nada externo te obrigue a ser menos do que és.

IX. Evita a dispersão — uma alma focada vê mais longe

O ruído do mundo é constante. Mas tu podes escolher silenciar por dentro. Evita distrações inúteis. Protege teu tempo. Direciona tua energia para o que importa. A alma clara é como um raio de luz: penetra, aquece, transforma.

X. A sabedoria não se exibe — ela age

Fala pouco. Julga menos. Age com intenção. Quem é verdadeiramente sábio, mostra mais com atitudes do que com palavras. O fruto da árvore se mostra na estação certa — assim também tua virtude florescerá sem que precises anunciá-la.

XI. Aceita o lugar que te cabe e cumpre-o com excelência

A natureza te colocou onde estás agora. Reclamar é desperdiçar energia. Em vez disso, cumpre tua função com nobreza. Não importa se és comandante ou lavrador, orador ou ouvinte — se fizeres bem o que te cabe, és grandioso.

XII. Não desejes o que não depende de ti

A alma se inquieta quando deseja o que escapa ao seu controle. A fama, o sucesso, o amor alheio — tudo isso é instável. Deseja, antes, a virtude: tua firmeza, tua justiça, tua clareza interior. Isso ninguém pode tirar de ti.

XIII. Não fiques preso ao erro — corrige e segue em frente

Erraste? Corrige. Mas não te demores no remorso. A culpa, quando se arrasta, paralisa. Aprende com humildade. Ajusta o rumo. A alma livre não ignora os erros — mas também não os carrega como corrente.

XIV. A raiva é um fogo que primeiro te consome

Quando alimentas a ira, és tu quem queima por dentro. A alma justa responde com firmeza, mas não com veneno. Quem domina a raiva, domina a si mesmo — e vence o que parecia incontrolável.

XV. Não busques parecer sábio — busca sê-lo de fato

A sabedoria verdadeira é silenciosa. Não exibe títulos nem discursos vazios. Ela age, orienta, transforma. Vive como quem aprende a cada dia. Quando falares, que tuas palavras carreguem mais luz que vaidade.

XVI. Tua tarefa é viver com coerência, não com sucesso

A ideia de sucesso é externa, variável, ilusória. A coerência é interna, constante, real. Vive conforme teus valores, mesmo quando ninguém te aplaudir. Uma alma coerente vale mais que um mundo de conquistas sem sentido.

XVII. Lembra-te: tua alma é imortal; teu tempo, não

A cada respiração, te aproximas do fim. Isso não deve te assustar, mas te inspirar. Usa teu tempo como se fosse sagrado. Fala com bondade. Age com coragem. Não deixes o essencial para depois.

XVIII. A simplicidade é a marca dos grandes

O verdadeiro sábio não precisa de enfeites. Vive com simplicidade: no vestir, no falar, no agir. O essencial basta. E quanto menos precisas, mais livre te tornas. A alma descomplicada voa mais alto.

XIX. A felicidade é viver em acordo com tua natureza

Não está nos prazeres, nem nas conquistas externas. Está em ser quem deves ser. Se tua alma age com justiça, verdade e serenidade, ela está em paz — e isso é felicidade. O resto é distração.

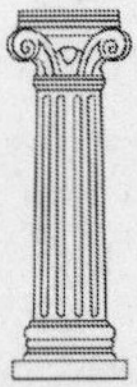

XX. Deixa que cada ação tua reflita a dignidade da tua alma

Em cada gesto, em cada escolha, lembra-te de quem tu és. És um ser racional, consciente, parte do cosmos. Não trivializes tua existência. Que tuas ações revelem grandeza, mesmo nas menores tarefas.

XXI. A natureza não te deve conforto — ela te oferece oportunidade

Não nasceste para o repouso constante. Nasceste para o trabalho digno, a ação justa, a evolução interior. Quando enfrentas o desconforto com coragem, cumpres teu papel na ordem do universo. O que parece incômodo é, muitas vezes, crescimento disfarçado.

XXII. A opinião dos outros só te fere se a permitires entrar

Quando alguém fala mal de ti, lembra: são apenas palavras. Se tu não lhes deres valor, elas se desfazem no ar. Preserva tua paz interior como quem vigia uma chama contra o vento. O que te fere, muitas vezes, é tua permissão — não a ofensa.

XXIII. O verdadeiro descanso está na alma em paz

Não é dormir mais, viajar longe ou fugir da rotina. O descanso verdadeiro vem quando tua alma não luta contra a realidade, quando estás em paz com tuas escolhas. Uma mente serena é refúgio onde quer que estejas.

XXIV. O que te incomoda nos outros talvez exista em ti

Quando sentires irritação e julgamento crescerem em teu peito, pergunta-te: "Isso que vejo lá fora, não carrego também dentro?" Muitas vezes, o outro apenas espelha o que não queremos enxergar. Usa cada incômodo como degrau de crescimento.

XXV. Se tua intenção for pura, teu caminho será claro

A dúvida nasce quando tua alma se afasta da verdade. Mas quando tua intenção é justa, mesmo que o resultado seja incerto, tua consciência estará em paz. A clareza vem de dentro. E a alma honesta caminha com firmeza.

XXVI. Não há ação neutra — tudo o que fazes molda tua alma

Cada escolha é uma escultura sobre teu caráter. Pequenos gestos, palavras ditas ou evitadas, decisões silenciosas — tudo conta. Forma tua alma como um artista dedicado: com atenção, com propósito, com beleza.

XXVII. A sabedoria é viver bem o tempo que te foi dado

Alguns viverão longos anos. Outros, poucos dias. Mas não é a quantidade que importa, e sim a qualidade. Quem vive com sentido, vive o suficiente. Que cada dia seja pleno — não por ser longo, mas por ser verdadeiro.

XXVIII. Se algo é difícil, é porque vale a pena ser conquistado

A virtude exige esforço. A alma se fortalece no atrito. O que é fácil demais, raramente é valioso. Abraça o desafio não como castigo, mas como campo de treinamento. É na dificuldade que te tornas quem és de fato.

XXIX. Não lutes contra o que é natural — coopera com sabedoria

Doenças, perdas, envelhecimento são partes inevitáveis da vida. O sábio não resiste a isso com revolta. Ele coopera, ajusta, aceita. Viver bem é alinhar tua vontade à ordem maior das coisas. Isso é liberdade verdadeira.

XXX. Fala apenas quando tua palavra for necessária e útil

Evita o excesso. O silêncio também é resposta — muitas vezes, a mais sábia. Quando falares, que tuas palavras tragam luz, orientação, consolo ou verdade. Tudo o mais é ruído. A alma sensata escolhe bem o que diz.

XXXI. Tua mente é um templo — protege-a da contaminação

Evita pensamentos inúteis, impuros ou maliciosos. Tua mente é o lugar onde vives o tempo todo. Cuida dela como cuidas do teu corpo, até mais. O que permites entrar nela molda tua existência. Escolhe com sabedoria o que alimentar.

XXXII. Não percas tempo em discussões sem propósito

Conversas vazias, disputas de vaidade, argumentos que não buscam a verdade — tudo isso desgasta a alma. Aprende a recuar com elegância. Tua energia é preciosa. Usa-a para construir, não para vencer debates inúteis.

XXXIII. A constância é o sinal da alma treinada

Não basta agir bem uma vez. A virtude verdadeira se repete — dia após dia, em pequenas ações, com firmeza. Uma alma disciplinada não vive de impulsos, e sim de escolhas consistentes. E nisso está sua força.

XXXIV. Aceita o corpo que tens e cuida dele sem escravidão

Teu corpo é instrumento. Cuida dele com respeito, mas sem obsessão. A beleza que realmente importa é a que nasce da serenidade e da bondade. O brilho que vem de dentro é o que dura além da aparência.

XXXV. A alma que se basta é imune ao desespero

Quando não dependes do aplauso, da riqueza, da sorte, tornas-te livre. Quem é livre não se desespera. Sofre, sim, como todos. Mas não se quebra. Porque sua paz não está no que vem de fora — está enraizada no que é por dentro.

XXXVI. Tudo que começa, termina — isso é natural

Nada escapa à impermanência. A juventude, o sucesso, a própria vida — tudo passa. A aceitação disso não deve gerar tristeza, mas sabedoria. Vive cada fase com presença. E quando algo acabar, agradece e segue. A mudança é o curso natural da vida.

XXXVII. Quem age contra a justiça, fere primeiro a si

A injustiça é uma lâmina de dois gumes — quem a usa, se corta antes de alcançar o outro. Mesmo que os olhos do mundo não vejam, a consciência sente. Age contra a tua própria natureza e perderás a paz. E sem paz, nem a vitória tem sabor. Por isso, escolhe o que é justo — mesmo em silêncio, mesmo sozinho.

XXXVIII. A natureza está em harmonia — cabe a ti encontrar o compasso

As estações seguem, as marés se movem, os ciclos se repetem. Tudo no universo obedece a uma ordem. Quando tua alma se ajusta a essa dança, nasce a paz. O segredo da serenidade é alinhar teu ritmo ao do cosmos.

XXXIX. A vida te é dada como um campo fértil — planta com intenção

Cada dia é uma nova chance de semear. Escolhe bem tuas sementes: honestidade, gentileza, coragem, verdade. O que plantares hoje florescerá em ti e nos outros. O solo é o mesmo para todos; a colheita será tua responsabilidade.

XL. Vive como quem está pronto para partir, mas com o coração inteiro no agora

A sabedoria está em manter o desapego sem perder a intensidade. Ama, age, constrói — mas sem agarrar-se. Vive o momento com tudo o que tens, e também com leveza. Como o ator que dá sua melhor cena, sabendo que a cortina pode fechar a qualquer instante.

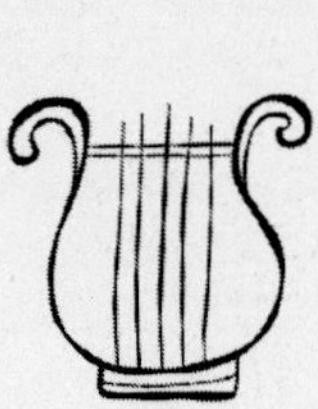

LIVRO IX

A VIRTUDE NO CONVÍVIO COM O MUNDO

I. Quando alguém errar contigo, lembra: ele ignora o bem verdadeiro

A raiva nasce da ilusão de que o outro sabe o que faz. Se ele realmente visse a verdade, não te faria mal. Portanto, em vez de odiá-lo, tem compaixão. Podes corrigir, sim — mas sem te contaminar com a amargura. A alma nobre não replica erro com erro.

II. Não deixes que a alma alheia infecte a tua

Cada um é responsável pela ordem interior que cultiva. Se o outro é desonesto, injusto ou agressivo, isso é reflexo da alma dele — não da tua. Mantém tua integridade. A alma pura segue limpa mesmo em águas turvas.

III. Não reclames da vida — ela te dá tudo o que precisas para ser virtuoso

A natureza não te prometeu conforto, mas te deu razão, vontade e coragem. Com isso, já tens tudo. A sabedoria está em usar bem o que tens e deixar de desejar o que não é necessário. A alma que reconhece isso é invencível.

IV. Se tua ação for justa, não importa o que os outros pensam

O aplauso não torna tua ação melhor. A crítica não a torna pior. Só a tua consciência pode avaliar com verdade. Vive para ser justo — não para ser popular. A alma que busca a verdade caminha em paz, mesmo em meio a vozes contrárias.

V. Os males que sofres vêm menos dos outros e mais da tua interpretação

O que fere tua alma é tua opinião sobre o que aconteceu, não o fato em si. Aprende a observar antes de julgar. Questiona tuas emoções. A maioria das dores nasce não da realidade, mas do modo como a vemos.

VI. A bondade é invencível — não porque vence, mas porque não combate

Quando alguém te trata mal, responde com calma e firmeza. Não para humilhá-lo, mas para mostrar que existe outro caminho. A bondade autêntica transforma. E se não transformar o outro, ao menos preserva tua alma inteira.

VII. Não esperes que o mundo seja fácil — prepara-te para viver com retidão mesmo assim

A adversidade faz parte da jornada. Mas tua missão continua a mesma: ser justo, ser paciente, ser firme. Não esperes um caminho sem pedras — treina teus pés. A alma madura aprende a caminhar em qualquer solo.

VIII. Cada um é responsável pela imagem que cultiva de ti — tu és responsável pelo que és

Se te acham injusto, ingrato ou tolo, deixa que pensem. Tu sabes quem és. E tua tarefa é ser fiel a isso, não ao julgamento dos outros. A reputação pode mudar como o vento. A virtude, não.

IX. Aceita que muitos erram sem querer — e outros, mesmo querendo, são dignos de compaixão

Não julgares apressadamente é sinal de força. Às vezes, o outro só age mal porque nunca viu outra forma de agir. Quando compreendes isso, o rancor perde força. E a compreensão ocupa o lugar da raiva.

X. Sê generoso sem depender de gratidão

Dá porque tua alma deseja doar — não porque esperas algo em troca. Quem age movido pela recompensa se frustra facilmente. Mas quem age por coerência se satisfaz no próprio ato. A generosidade que não espera é a mais pura.

XI. Quando te vires irritado, volta ao teu propósito interior

A raiva te afasta de ti mesmo. Respira. Relembra quem tu queres ser. És feito para a razão, não para a fúria. Cada vez que superas um impulso, tornas-te mais forte. E cada vez que te entregas à raiva, tornas-te escravo.

XII. A dor existe, mas tua atitude diante dela é escolha tua

Algumas dores são inevitáveis. O sofrimento prolongado, o desespero, a perda da dignidade nascem da mente. Tu podes sentir a dor sem te perder nela. Podes passar por ela de pé, com serenidade.

XIII. A grandeza está em seguir firme, mesmo quando tudo à volta desmorona

Quando o mundo estiver caótico, sê tu a ordem. Quando tudo parecer injusto, sê a justiça. Quando muitos se perderem, sê o exemplo silencioso. A alma verdadeiramente virtuosa se revela na adversidade — não no conforto.

XIV. Não é preciso explicar tua virtude — vive-a

Explicar demais o bem que fazes é sinal de vaidade. Faz o certo e deixa que os frutos falem por ti. O que é justo se sustenta por si. Tu não precisas convencer ninguém — basta agir.

XV. Os erros dos outros podem te ensinar se fores humilde

Em vez de te escandalizares ou te irritares, observa. O erro alheio te mostra caminhos que deves evitar. Também foste, ou ainda serás, falho em algo. Aprende com tudo e com todos. A humildade transforma o erro em sabedoria.

XVI. Não vivas para agradar — vive para alinhar tua alma com a verdade

Agradar a todos é impossível, além de desnecessário. O que importa é que tu sejas coerente com tua natureza. Que tua mente, tua fala e tuas ações caminhem juntas. Essa integridade vale mais que qualquer aceitação social.

XVII. Aceita o destino, mas age com coragem

Nem tudo está sob teu controle — e tudo bem. O que podes controlar é tua atitude. Aceita com lucidez o que não depende de ti, e age com coragem sobre o que depende. Esse equilíbrio te dá paz e poder ao mesmo tempo.

XVIII. Lembra-te de que tua vida é breve — então vive com propósito

O tempo corre. A juventude passa. A vida não espera. Que tuas ações sejam urgentes, não por pressa, mas por sentido. Cada instante é um tijolo na construção da tua alma. Escolhe bem onde colocá-lo.

XIX. Quem reclama esqueceu de agradecer

Seja qual for tua dificuldade, há também em ti algo que pode ser celebrado: tua mente, tua força, tua liberdade interior. A alma grata vê melhor. E quando vês melhor, ages melhor. A gratidão limpa os olhos da alma.

XX. Sê íntegro mesmo quando ninguém está olhando

A virtude verdadeira não precisa de plateia. Faz o bem no escuro. Sê justo no silêncio. A consciência tranquila é teu juiz — e tua recompensa. Quando tua alma sabe que vive com honra, não há elogio ou crítica que abale isso.

XXI. A verdadeira liberdade é viver sem depender do desejo

Não és livre quando fazes tudo o que queres — és livre quando não és escravo de querer tudo. A alma disciplinada deseja pouco, e por isso desfruta mais. Aprende a viver com o que tens, e serás mais leve que os que buscam sem parar.

XXII. O que te cabe fazer, faz com plenitude

Não adies, não reduzas, não empurres. Cada tarefa é uma oportunidade de viver com presença e virtude. Mesmo o ato mais simples pode ser feito com excelência. A alma comprometida se revela até naquilo que ninguém vê.

XXIII. O mundo é espelho — e a ti cabe refletir a luz, não a escuridão

Se te tratam com frieza, responde com dignidade. Se te atacam com falsidade, responde com verdade. Sê tu a fonte da transformação. Não é sobre vencer o outro — é sobre não permitir que te façam piorar.

XXIV. O silêncio é escudo da sabedoria

Nem toda verdade precisa ser dita. Nem todo erro precisa ser corrigido de imediato. Às vezes, calar é o ato mais nobre. Pensa antes de falar. E quando falares, que seja para construir, orientar ou aliviar.

XXV. Teus pensamentos moldam tua alma — vigia-os

A mente é como um campo: se plantares descuido, colherás confusão. Se plantares atenção, colherás serenidade. Cuida do que permites crescer dentro de ti. A alma serena nasce de pensamentos bem escolhidos.

XXVI. A natureza te criou para cooperar — não para competir

És parte de uma comunidade, não um inimigo dos outros. A alma que vive em harmonia contribui, colabora, serve. A competição cega. A cooperação desperta. És mais feliz quando constróis junto do que quando te impões sobre.

XXVII. Se não sabes por onde começar, começa por ti mesmo

Queres mudar o mundo? Corrige antes teus pensamentos. Domina teus impulsos. Acalma tua fala. Não se constrói grandeza por fora com desordem por dentro. Tua alma é a pedra fundamental do mundo que queres.

XXVIII. A rotina não é prisão — é oportunidade de perfeição

Muitos fogem do hábito, buscando novidade. Mas a repetição é um campo de treino da alma. No que se repete, tu te tornas mais atento, mais profundo, mais presente. Abraça a rotina como um sábio que afia a lâmina no gesto diário.

XXIX. A justiça é tua missão, não tua moeda de troca

Faz o bem sem esperar retorno. Não é nobre agir apenas se fores reconhecido. A alma justa não negocia sua virtude — ela a oferece. Mesmo que ninguém veja, o universo percebe. E tua consciência, mais ainda.

XXX. Não queiras mudar o outro — transforma tua resposta

Quando algo te incomodar em alguém, volta o olhar para ti. Como estás reagindo? Como podes responder com mais sabedoria? Mudar o outro talvez nunca consigas. Mas mudar tua resposta é sempre possível.

XXXI. A consciência tranquila é o verdadeiro abrigo

Nem palácios nem riquezas protegem tanto quanto uma mente em paz. Quando tua alma está alinhada com a verdade, não há medo, culpa ou ansiedade que te vença. Busca esse abrigo todos os dias — ele é interno e eterno.

XXXII. Não reclames da injustiça — responde com integridade

O mundo pode falhar contigo, mas tu não deves falhar contigo mesmo. Que tua resposta à injustiça não seja vingança, e sim firmeza. A verdadeira vitória está em permanecer justo mesmo diante da injustiça.

XXXIII. Sê como a luz — presente, útil, sem alarde

A luz não anuncia que está acesa — apenas ilumina. Assim também é a alma nobre: age com discrição, sem buscar reconhecimento. Tua virtude deve ser percebida pelo bem que causa, não pelo ruído que faz.

XXXIV. Tudo passa — mas tua conduta permanece contigo

O tempo leva as dores e os prazeres. Tua forma de ter vivido fica. Cada escolha se grava em tua alma. Vive de tal modo que, ao olhar para trás, sintas respeito por tua própria jornada.

XXXV. Não tentes ser tudo — sê inteiro no que fores

A ansiedade nasce do desejo de abarcar o mundo. Mas tua missão é mais simples: sê íntegro no que fizeres. Mesmo que teu papel seja pequeno, se o viveres com verdade, ele será grande. A grandeza está no modo, não na escala.

XXXVI. A natureza é tua mestra — observa e aprende

O rio não força seu curso. A árvore cresce em silêncio. Os ciclos seguem sem pressa. Tudo na natureza coopera e se entrega. Imita essa sabedoria silenciosa. Há muito mais força na fluidez do que na rigidez.

XXXVII. Evita a pressa — a alma sábia se move com intenção

A velocidade pode ser inimiga da profundidade. Vai mais devagar, se for preciso, e vai com consciência. Não é o número de ações que importa, mas a qualidade delas. A alma apressada tropeça onde a alma atenta floresce.

XXXVIII. Mesmo os erros podem ser férteis, se os usares bem

Te enganaste? Foste fraco? Corrige, mas não te condenes. Cada queda pode ser degrau se tiveres humildade para aprender. O erro não é o fim. É parte da lapidação da tua alma.

XXXIX. A vida dos outros é deles, a tua é tua

Não te percas tentando imitar, agradar ou controlar os outros. A tua estrada é tua. Cuida dela. Constrói com base na tua verdade. A comparação rouba a alegria; a autenticidade a devolve.

XL. Tu podes ser bom — agora, aqui, neste instante

Não esperes circunstâncias ideais. A bondade não depende do tempo, do lugar ou das pessoas à tua volta. Ela depende só de tua decisão. E essa decisão está sempre ao teu alcance. Basta escolher. Agora.

LIVRO X

LIBERDADE INTERIOR: O DOMÍNIO DE SI MESMO

I. Tua mente é teu único domínio — protege-a com firmeza

Teu corpo, teu nome, teus bens — tudo isso é externo e passageiro. Tua mente, teu juízo, tua liberdade interior ninguém pode tirar. Guarda esse espaço com zelo. Tudo começa e termina aí.

II. Aceita o que a razão universal te traz — ela não erra

Tudo o que te acontece está ligado ao movimento harmonioso do universo. Se compreendes isso, aceitas sem revolta. Mesmo a dor pode ser justa. Mesmo a perda pode ensinar. A serenidade vem quando confias na ordem maior.

III. Não há dor mais profunda que viver longe da tua natureza

A alma sofre mais quando se trai do que quando é ferida. Não importa o que te façam — se tu permaneceres fiel à tua essência, estarás salvo. Mas se te deixares corromper, mesmo que por medo ou desejo, perderás o que tens de mais valioso.

IV. Não lutes contra o destino — coopera com dignidade

Lutar contra o que não podes mudar só aumenta o sofrimento. Se fores sábio, usarás o que te foi dado como matéria para tua virtude. A adversidade não é castigo — é campo de treinamento da alma.

V. Tu podes escolher o que pensar — essa é tua liberdade suprema

Não controlas tudo o que te acontece, mas sempre podes decidir como interpretar. Escolhe ver com clareza. Cultiva pensamentos bons, justos, calmos. E verás tua realidade se tornar mais leve, mesmo que as circunstâncias não mudem.

VI. Não te preocupes em mudar os outros — muda tua forma de viver

A alma madura não gasta energia tentando consertar o mundo. Ela vive com integridade. E ao fazer isso, transforma o ambiente ao seu redor. O exemplo silencioso tem mais força que mil discursos.

VII. Tudo o que é natural não deve ser temido

A morte, o envelhecimento, a dor fazem parte da ordem natural. O que é natural é necessário. E o que é necessário pode ser enfrentado com coragem. Não temas o que todos enfrentarão. Prepara-te com dignidade.

VIII. A alma forte não precisa de alívio — precisa de direção

O fraco busca consolo. O forte busca propósito. Quando sentires dor ou dúvida, pergunta: "O que devo aprender aqui? Como posso agir com virtude mesmo agora?" Isso te dará força maior do que qualquer conforto.

IX. Não repitas erros — isso é escolha, não ignorância

Errar é humano. Repetir o erro, sabendo que é um erro, é negligência. A alma vigilante aprende rápido. Observa tuas quedas com honestidade, e levanta-te com mais sabedoria. Cada erro é um convite à transformação.

X. Se viveres em harmonia contigo, nada te poderá perturbar

O mundo pode te negar muitas coisas — mas não pode tirar tua paz, se ela for bem cultivada. Quando tua alma está em paz, não há insulto, perda ou crise que te desequilibre. Tua fortaleza é interna. E é inquebrantável.

XI. A vida é breve — mas suficiente para viver com nobreza

Não precisas de muitos anos para ser grandioso. Basta um coração firme e uma mente desperta. Não temas a brevidade da vida — teme viver sem sentido. Se cada ação tua for coerente, tua vida já terá valido por mil.

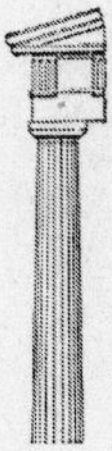

XII. Faz hoje o que tua natureza espera de ti

A procrastinação corrói a alma. Cada tarefa adiada enfraquece teu caráter. Se sabes o que deves fazer, faz agora. A ação justa não espera o momento perfeito — ela cria o momento com coragem e verdade.

XIII. Não deixes que os erros alheios te afastem da tua bondade

Se o mundo mente, não mintas. Se o mundo fere, não firas. A tua virtude não depende do que os outros fazem — depende do que tu escolhes ser. Sê exemplo, mesmo quando estiveres sozinho na tua escolha.

XIV. Não basta nascer humano — é preciso tornar-se verdadeiramente racional

Ser humano é uma possibilidade, não uma garantia. Quando ages com lucidez, compaixão e justiça, realizas teu destino. A razão é teu maior dom — usá-la bem é tua maior obrigação.

XV. A alma que conhece seu valor não se ofende com facilidade

O orgulho frágil se machuca por qualquer motivo. Mas a alma sólida sabe quem é — e não se abala por palavras ou gestos alheios. Não é arrogância, é serenidade. O ofendido vive em alerta; o sábio, em paz.

XVI. Tu és parte da natureza — age conforme ela

A natureza é simples, direta, eficiente. Não complica, não reclama, não desperdiça. Imita-a. Sê funcional, essencial e íntegro. O que vem do natural é sempre belo e suficiente.

XVII. Quando fores tentado a desistir, lembra do propósito

Às vezes, o cansaço te visita. Mas pergunta-te: "Para que comecei? O que está em jogo?" A lembrança da razão te reacende. Um propósito claro sustenta a alma até nos dias mais áridos.

XVIII. Não te apegues à forma — busca o conteúdo

As palavras mudam, os costumes variam, os rostos envelhecem. Mas a verdade, a justiça, a coragem são eternas. Busca o essencial por trás do aparente. Quem vê com profundidade não se perde nas aparências.

XIX. A beleza da vida está em sua transitoriedade

Aquilo que é eterno pode nos entorpecer. Mas o que é breve nos desperta. Ama o momento porque ele passa. Abraça as pessoas porque elas partem. A flor que murcha nos ensina mais que a pedra que não muda.

XX. Faz parte da razão aceitar o que é inevitável

Não rejeites a realidade. Abraça-a com inteligência. Isso não é resignação — é sabedoria. O que não podes mudar, acolhe. O que podes transformar, enfrenta. A alma que distingue essas duas coisas se torna invencível.

XXI. Age com retidão — mesmo no silêncio

Faz o bem como quem respira: naturalmente, sem alarde. A ação justa não depende de olhos que veem, mas de uma alma que sabe o que faz. O valor está no gesto, não no aplauso. Mesmo que ninguém note, tua consciência te reconhecerá. E isso é o que te fortalece.

XXII. A liberdade começa quando deixas de representar

Quanto mais tentas agradar, mais te afastas de ti. Viver para os outros é usar uma máscara que sufoca. Não foste feito para atuar, mas para ser verdadeiro. Nem todos te aprovarão — e isso não importa. A alma íntegra não negocia sua essência para caber nas expectativas alheias.

XXIII. A mente racional é tua guia — segue-a com disciplina

Nem o corpo, nem as paixões, nem a opinião pública devem comandar tua vida. A razão te foi dada para governar. Ouve-a, cultiva-a, fortalece-a. Ela é tua bússola e tua fortaleza.

XXIV. Quando fores criticado, pergunta: há verdade nisso?

Se a crítica for justa, agradece — aprendeste algo. Se for injusta, ignora — não te pertence. Em ambos os casos, mantém tua paz. A alma madura escuta sem se ferir, responde sem atacar e segue seu caminho.

XXV. Seja qual for o problema, pergunta: o que a razão faria aqui?

Diante do medo, da raiva, da tentação ou do desânimo, volta-te para tua parte mais elevada. Lembra-te: tu não és só emoção — és razão, decisão, consciência. Age conforme tua melhor versão.

XXVI. Tua essência não muda — mesmo que o mundo mude ao redor

Tudo fora de ti pode desmoronar: saúde, reputação, bens. Mas tua alma, se mantida íntegra, permanece firme. Agarra-te a ela como quem segura o leme em mar revolto. É ali que habita tua verdadeira força.

XXVII. Evita a vaidade espiritual — até a virtude pode ser inflada pelo ego

Fazer o bem e depois se vangloriar é como sujar com uma mão o que limpaste com a outra. Sê virtuoso em silêncio. Sê bom sem necessidade de ser visto. O fruto verdadeiro nasce sem fazer alarde.

XXVIII. Não busques refúgio no futuro — vive com plenitude o agora

A esperança vazia é uma fuga disfarçada. A vida acontece aqui, neste instante. O presente é o único tempo em que podes ser justo, calmo, corajoso. Abraça-o. O futuro é incerto; o agora é sagrado.

XXIX. Nem todo desejo é digno — escolhe bem o que alimentar

Desejos existem aos montes. Mas nem todos te elevam. Deseja o que constrói, o que purifica, o que fortalece tua alma. E abandona o que só excita por um instante. O verdadeiro prazer é viver em harmonia com tua natureza.

XXX. A morte é apenas mudança — como tudo na natureza

Não é castigo, não é tragédia — é continuidade. Assim como a semente morre para virar árvore, tu também mudarás de forma. O que importa é como viveste enquanto estiveste aqui. A morte não apaga a virtude.

XXXI. Tudo o que te acontece pode ser usado para tua evolução

Mesmo aquilo que parece injusto ou doloroso pode te ensinar. A alma sábia transforma adversidade em virtude. Diante de qualquer evento, pergunta: "Como posso crescer com isso?" É assim que tornas a vida tua aliada.

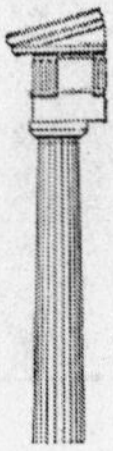

XXXII. Tua alma é capaz de encontrar paz em qualquer lugar

Não precisas fugir, mudar de cidade, ou reinventar tua vida externa. A verdadeira fuga é para dentro. Quando tua mente está em ordem, qualquer lugar se torna refúgio. Tua tranquilidade depende apenas de ti.

XXXIII. Não te tornes vítima dos teus desejos

O desejo desenfreado é prisão disfarçada de liberdade. Ele te promete prazer, mas te escraviza. Aprende a querer menos — e a querer melhor. A alma que domina seus impulsos torna-se senhora de si.

XXXIV. A virtude está em cada pequeno gesto

Não esperes grandes feitos para viver com honra. Um olhar atencioso, uma palavra justa, um silêncio respeitoso — tudo isso é virtude. Cada detalhe importa. A grandeza se constrói nas miudezas do cotidiano.

XXXV. A verdadeira coragem é manter a calma em meio ao caos

Quando todos se desesperam, tu permaneces centrado. Quando tudo parece ruir, tu manténs o foco. Isso é coragem: continuar sendo quem és, mesmo quando tudo ao redor te empurra para o contrário. Sê rocha, não areia.

XXXVI. A humildade te eleva mais que qualquer conquista

Admite teus erros. Aprende com todos. Reconhece teus limites. Isso não te diminui — te engrandece. A alma humilde cresce porque está sempre aberta. E quem cresce por dentro, amadurece por fora.

XXXVII. Tudo que tem valor exige esforço

A calma, a disciplina, a sabedoria — nada disso nasce por acaso. Treina. Cai e levanta. Persiste. A alma forte não nasce pronta, ela é forjada. E o valor está justamente nisso: em saber que cada passo te tornou mais inteiro.

XXXVIII. Vive com presença — e a morte não te surpreenderá

Não é preciso esperar o fim para começar a viver de verdade. Cada instante é chance de inteireza. Se viveres com atenção, com bondade e com verdade, não será a morte que te tirará algo — ela apenas encerrará um ciclo já completo. A urgência não está em temer o fim, mas em não desperdiçar o agora.

XXXIX. A vida não precisa ser longa — precisa ser bem vivida

O tempo não mede grandeza. Um instante pode conter mais nobreza que décadas inteiras. Se viveres com atenção, coragem e compaixão, tua vida será suficiente. A eternidade começa na maneira como vives o agora.

XL. Tudo que é verdadeiramente teu — tua razão, tua dignidade, tua escolha — está em ti

Ninguém pode te roubar tua mente clara, tua conduta justa, tua liberdade de escolha. Preserva isso como um tesouro. O resto é acessório. Tua alma é teu bem mais sagrado. Cuida dela como quem cuida da própria vida — porque, no fundo, é exatamente isso.

LIVRO

XI

TUA ALMA
É TEU MUNDO

I. A alma que abraça o universo

A alma racional tem dons grandiosos: ela se compreende, se molda, e colhe os frutos de seu próprio esforço. Diferente das plantas ou dos animais, cuja utilidade serve aos outros, a alma humana desfruta de seu próprio bem. Onde quer que a morte a interrompa, ela é completa — não como em uma peça de teatro onde uma pausa deixa a história inacabada. Não. A alma plena vive cada momento como inteiro.

Ela percorre o universo, entende sua vastidão, e vê que tudo se repete. Quem tem quarenta anos de sabedoria já viu a vida inteira. Porque tudo, no fundo, se repete. A alma racional cultiva o amor ao próximo, a verdade, a modéstia, e valoriza mais a si mesma do que qualquer bem exterior. E nisso, ela se alinha à própria Lei do universo.

II. A arte de desvalorizar o supérfluo

Divide uma melodia em seus sons, uma dança em seus gestos, ou o pancrácio em seus golpes, e pergunta-te: "Isso, isoladamente, me encanta?" Provavelmente, não. A ilusão se quebra. Faz isso com tudo, exceto com a virtude — porque somente ela resiste ao escrutínio. Aplica essa análise também à tua vida. Verás o que realmente importa.

III. A alma pronta para partir

Feliz é a alma pronta para deixar o corpo — pela morte, pela dispersão, ou pelo renascimento. Mas essa prontidão não deve ser fanática, como o fazem certos religiosos, mas lúcida, ponderada. Uma paz que inspira outros, não uma exaltação que afasta.

IV. A recompensa do bem

Sempre que fizeres o bem, lembra-te: fizeste algo grandioso para ti. A bondade é teu ofício. E para cumpri-lo, deves compreender as leis do universo e a natureza do ser humano.

V. A vida como cena

As tragédias ensinavam que os sofrimentos são naturais. Não devemos temer o palco maior da vida. Até os poetas sabiam: "Se eu e meus filhos somos esquecidos pelos deuses, razão há." E também: "Colhe a vida como espiga madura." A comédia antiga também tinha seu papel: repreendia os vícios com coragem. Diógenes fazia o mesmo. Mais tarde, a comédia passou a apenas divertir. E é isso que se perdeu.

VI. O caminho certo

Se questionares se a vida que levas é digna de um filósofo, olha para o que fazes agora. Nada se encaixaria melhor.

VII. A unidade que cura

Cortar-te dos outros é cortar-te do todo. Mas a natureza, em sua bondade, permite que ramos cortados se reenxertem. Cada separação torna mais difícil a união. Por isso, permanece ligado, mesmo quando discordares.

VIII. A afeição que permanece

Divergências de opinião não devem abalar tua afeição pelos outros. Ama quem te contraria, assim como perseveras no bem. Se deixas de amar por medo ou orgulho, trais tua natureza — e te tornas um desertor da humanidade.

IX. A arte que imita a natureza

Nenhuma arte supera a natureza. E a natureza universal é justa. Todas as virtudes nascem da justiça. E ela não pode florescer num coração apegado ao efêmero.

X. A ida

As coisas não te perseguem — és tu quem corre até elas. Mantém teu juízo firme, e tudo se acalmará ao teu redor.

XI. A alma serena

A alma equilibrada é como uma esfera perfeita: não se deforma, não se apequena. Em sua luz, vê a si mesma e a natureza das coisas.

XII. A prática silenciosa

Faze o bem, mesmo se incompreendido. Sê gentil, mesmo se odiado. E faze pela tua própria integridade, não pela repercussão. Como Phocion, que era virtuoso sem ostentação.

XIII. A vaidade que degrada

Muitos se humilham tentando brilhar. Tentam superar uns aos outros — e perdem sua dignidade no processo.

XIV. A sinceridade que transparece

Quem é realmente sincero não precisa anunciá-lo. Como o cheiro inconfundível, sua alma é percebida por todos. A falsa simplicidade é repulsiva. A verdadeira gentileza se impõe sem esforço.

XV. A felicidade do agora

A vida feliz está no presente. As coisas exteriores são neutras. O que importa é a atitude da mente. E isso só tu podes controlar.

XVI. A origem de tudo

Antes de te inquietares com algo, entende de onde veio, em que se tornará e se realmente merece tua perturbação.

XVII. O indigno

Tudo o que turva tua alma — injustiça, luxúria, orgulho, vaidade, raiva, mentira — deve ser evitado. Não porque o mundo exige isso, mas porque tua própria natureza pede pureza. A alma foi feita para brilhar com clareza e força.

XVIII. O ser útil

Mesmo um ser racional se enobrece ao servir. Um cavalo, um cão, uma abelha cumprem seu papel sem aplauso. Tu, que tens razão e consciência, deves fazer ainda mais — e sem esperar recompensa. A natureza te deu razão para que fosses útil ao todo.

XIX. A justiça do universo

Tudo o que acontece na ordem do universo tem uma razão. Se algo te parece errado, talvez seja teu entendimento que falte. Ajusta tua percepção ao todo. Aprende a ver a beleza do que é necessário.

XX. O todo

Tu não és apenas um fragmento isolado. És parte de uma harmonia maior. Age como tal: coopera, compreende, ama. Quando tua ação está alinhada com o universo, tu não és pequeno — és eterno em essência.

LIVRO

XII

O DESPERTAR DA ALMA LIVRE

I. Não te prendas ao passado

Tudo o que passou não te pertence mais. O futuro, incerto, ainda não chegou. Só tens este momento. E nele podes viver com lucidez, justiça e paz. Tudo mais escapa ao teu controle. Então, por que te inquietas?

II. Fala pouco, mas com verdade

Evita discussões inúteis. As palavras devem ser poucas, mas carregadas de sentido. Prefere o silêncio ao ruído. E quando falares, que seja para construir, consolar, orientar. A alma madura não precisa convencer — basta viver.

III. Ama o destino, mesmo que ele te contrarie

Nem sempre entenderás por que certas coisas acontecem. Mas a confiança na ordem do universo te trará serenidade. Tudo serve à tua formação. Mesmo o que fere, educa. Mesmo o que parece injusto, amplia tua visão.

IV. Desperta para a simplicidade

A virtude é simples. Não precisa de adereços. Viver bem é agir com bondade, com coragem, com equilíbrio — só isso. Se tua vida estiver ancorada nesses valores, nada mais te faltará.

V. Não te enganes com a aparência do bem

Muitas coisas parecem boas, mas são apenas iscas para teu ego. Examina bem: isso te aproxima da tua essência ou te afasta dela? A alma sábia escolhe o essencial. E o essencial raramente brilha por fora.

VI. A hora de partir é sempre agora

Podes morrer agora mesmo. E isso não deve te assustar. Vive de modo que, se teu próximo ato for o último, ele seja digno. Que teu coração esteja em paz com o que és e com o que deixas.

VII. A liberdade está em querer pouco

Quanto menos desejas, mais livre te tornas. A alma que se basta vive com leveza. Ela usa o mundo, mas não é usada por ele. Ela saboreia o que tem, sem ansiedade por mais. A verdadeira riqueza é a ausência da carência.

VIII. Escolhe ser calmo, mesmo quando tiver razão contrariada

Gritar para impor tua verdade só revela tua fraqueza. A calma é o escudo da razão firme. Age com dignidade. A verdade, quando vivida com integridade, dispensa alarde.

IX. Não precisas de aplauso — precisas de coerência

Tu és teu juiz. E ele está sempre contigo. A consciência tranquila vale mais que a opinião pública. Vive de forma que, ao estar só, ainda estejas em boa companhia: a tua.

X. Tudo o que começa deve terminar — e isso é belo

A flor murcha. O dia escurece. A vida termina. Mas isso não é derrota — é perfeição. Cada fim dá valor ao que foi. Aceita a transitoriedade como parte da beleza do mundo.

XI. Se algo te aconteceu, era o que precisava acontecer

Nada acontece por acaso no universo governado pela razão. Se algo te alcançou, é porque tua alma precisava aprender com aquilo. Não te rebeles contra o destino — caminha com ele, transforma-o em sabedoria.

XII. A alma que conhece seu valor não precisa de ruído

Sê como uma fonte silenciosa que fertiliza a terra ao seu redor. A virtude verdadeira não clama por atenção. Ela se manifesta no olhar firme, na escolha justa, no gesto sereno. E basta.

XIII. Não tentes ser imortal — mas vive como se fosse

Não és eterno — mas podes deixar um legado que dure. E isso se faz com coragem, retidão e bondade diária. A alma que vive como se cada ação fosse eterna, toca a eternidade de verdade.

XIV. A tua opinião sobre as coisas é o que te fere

Não é a perda, a dor ou a falha que te machucam — é o que tu pensas sobre elas. Muda a lente e verás a leveza surgir. O estoico é aquele que domina seu julgamento e, com isso, domina sua vida.

XV. Não complicas o que é simples

Viver bem não exige muito: basta querer o bem, fazer o justo, dizer a verdade, e aceitar o que não depende de ti. É simples, mas exige vigilância. E essa é a arte da alma forte: manter o essencial no centro.

XVI. A tua essência não está nas coisas que tens

Títulos, bens, aparências — tudo isso é periférico. O que tu és está em tua capacidade de pensar com clareza, agir com honra e sentir com compaixão. O que não te melhora, não te pertence.

XVII. Vive de tal forma que teu coração não pese

Não vivas para justificar, defender ou explicar — vive para ser. Que tuas ações sejam tão claras que não precisem de palavras. Quando tua consciência está limpa, o mundo pode te julgar como quiser.

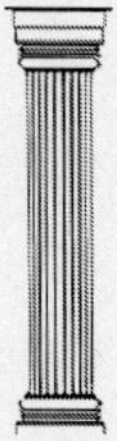

XVIII. Não és dono do corpo — és hóspede

Cuida do corpo como quem habita uma casa emprestada. Mantém a ordem, a saúde, a simplicidade — mas sem apego. Um dia deixarás essa morada. Que tua alma esteja mais leve que teu corpo.

XIX. O fim não é triste — é natural

Como tudo na natureza, tua existência tem um ciclo. Despedir-se não é uma tragédia. É completar um processo. Se viveste com retidão, morrerás com gratidão.

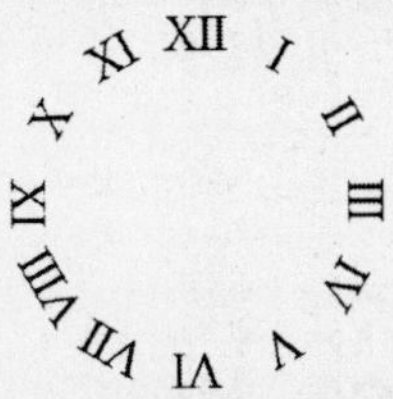

XX. A alma que serve à verdade nunca está sozinha

Podes estar só no corpo, mas nunca estarás isolado se viveres em harmonia com a razão universal. Quando tua consciência caminha com a verdade, tua companhia é o próprio universo.

XXI. Tudo o que é natural deve ser aceito com nobreza

Não rejeites o que a vida te traz. A dor, a perda, a mudança são partes do mesmo fluxo que te deu o riso, o amor e a descoberta. O que vem da natureza é necessário. E o que é necessário merece tua aceitação.

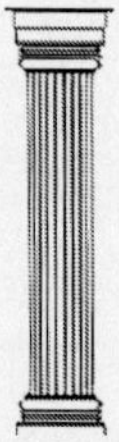

XXII. Tua alma é livre desde que te lembres dela

Nenhuma corrente te prende mais do que teus próprios pensamentos. Quando esqueces tua natureza racional, te escravizas. Quando a lembras, reencontras tua liberdade. A alma desperta basta a si mesma.

XXIII. A razão é tua melhor companheira

Quando fores tomado pela dúvida, pelo medo ou pela paixão, recorre à razão. Ela não grita, mas sempre responde. A alma que a ouve se reconduz à paz. A mente clara é uma luz constante — mesmo em tempos escuros.

XXIV. Tudo está em ordem — mesmo que tu não consigas ver

A natureza não erra. Se algo te parece confuso ou injusto, é porque tua perspectiva é limitada. Confia no ritmo maior. Cada parte, mesmo as mais difíceis, compõem a harmonia total.

XXV. Não és uma folha ao vento — és uma centelha da razão cósmica

Não vivas como quem apenas reage. Escolhe. Decide. Atua com firmeza. Tu és parte do Logos, da razão do universo. Honra isso com cada ato, cada palavra, cada pensamento.

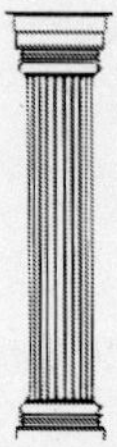

XXVI. A alma que não depende de nada é invencível

Quando te basta ser justo, calmo e lúcido, nada pode te derrubar. O insulto não te atinge. A perda não te destrói. A morte não te assusta. Porque o que tu és, está para além de tudo isso.

XXVII. A simplicidade é a forma mais alta de sabedoria

Não compliques tua vida com excessos, ostentação ou vaidades. A alma simples vê mais claro, caminha mais leve, vive mais profundamente. O essencial é sempre suficiente.

XXVIII. Viva como quem está pronto para partir

Faz de cada dia um fim digno. Não deixes palavras por dizer, gestos por fazer, erros por corrigir. Se partires agora, que tua alma não tenha dívidas com a própria consciência.

XXIX. E se tudo acabar hoje, que não te arrependas de nada

Tudo o que era teu, tu já recebeste. Tudo o que eras capaz, tu já podias ser. O resto é ilusão. Agradece. Silencia. Parte com leveza, como alguém que cumpriu o que veio cumprir.